문화재는 왜 다른나라에 갔을까

배우자 역사 002

문화재는 왜 다른 나라에 갔을까

초판 1쇄 발행 | 2017년 8월 11일
초판 3쇄 발행 | 2019년 7월 1일

지은이 | 서해경
그린이 | 이선주
펴낸이 | 나힘찬

책임편집 | 김영주
책임디자인 | 고문화
사진출처 | 국립에르미타주박물관(러시아), 국립중앙박물관, 대영박물관(영국), 루브르박물관(프랑스),
메트로폴리탄미술관(미국), 밍게이국제박물관(미국), 북경보리예술박물관(중국), 아키필드,
위키미디어커먼즈, 푸시킨주립미술관(러시아), 프랑스국립도서관
마케팅총괄 | 주영상
인쇄총괄 | 야진북스
유통총괄 | 북패스

펴낸곳 | 풀빛미디어
등록 | 1998년 1월 12일 제2015-000135호
주소 | 서울시 마포구 월드컵로 65 양경회관 306호
전화 | 02-733-0210
팩스 | 02-6455-2026
전자우편 | sightman@naver.com
이벤트블로그 | blog.naver.com/pulbitmedia
ⓒ 서해경, 이선주, 2017

ISBN 978-89-6734-066-7 74900
ISBN 978-89-6734-011-7 (세트)

저작권법에 따라 보호받는 저작물이므로 무단 전재와 복제를 금합니다.
책값은 뒤표지에 있습니다.
파본은 구매하신 서점에서 바꾸어 드립니다.

이 도서의 국립중앙도서관 출판예정도서목록(CIP)은 서지정보유통지원시스템 홈페이지(http://seoji.nl.go.kr)와 국가자료공동목록시스템(http://www.nl.go.kr/kolisnet)에서 이용하실 수 있습니다.
(CIP제어번호: CIP2017018215)

―어린이제품 안전특별법에 의한 기타표시사항―
제품명 도서 | **제조자명** 풀빛미디어 | **제조년월** 2017년 8월 | **사용연령** 8세 이상 | **제조국명** 한국
주소 (04018) 서울특별시 마포구 월드컵로 65 (망원동) 양경회관 306호 | **전화번호** (02)733-0210

머리말

문화재는 누구의 것일까요?

힘이 센 사람이 약한 사람의 재산을 빼앗으면 강도라고 욕을 듣는 것은 물론이고, 벌을 받지요? 그럼 문화재는 어떨까요? 다른 나라의 문화재를 빼앗는 행동도 떳떳한 일이 아니지요. 하지만 실제로는, 다른 나라의 문화재를 더 많이 빼앗아 가지고 있는 것을 자랑스러워하는 것 같아요.

대영박물관, 르브르박물관, 메트로폴리탄박물관 등의 박물관은 세계에서 가장 오래되고 가치 있는 문화재가 가득하죠. 하지만 이 문화재 중에는 다른 나라에서 빼앗아온 것이 많아요. 힘이 약한 나라들에서 빼앗아온 문화재들이죠. 대영박물관에 가면 그리스관, 이집트관, 로마관은 꼭 봐야 한다고 해요. 그 정도로 그리스와 이집트, 로마에서 가져온 문화재가 대영박물관의 대표적인 문화재인 거예요. 영국뿐 아니라, 유럽을 정복한 프랑스의 나폴레옹과 제2차 세계대전을 일으킨 독일의 히틀러가 다른 나라의 문화재를 빼앗아온 대표적인 사람이지요.

이 나라들은 주장해요. 자신들이 문화재를 가지고 있으면 더 많은 사람이 그 문화재를 볼 수 있고, 보관도 더 잘할 수 있다고요.

하지만 우리가 문화재를 보호하고 보존하는 이유는, 그 문화재가 아름답고 비싸기 때문이 아니에요. 문화재의 진정한 가치는, 그 나라의 역사와 그 시대를 살았던 사람들의 삶이 담겨있는 거예요. 문화재라는 말 그대로, 그 나라의 문화가 담겨있는 거죠.

대영박물관의 자랑거리인 로제타석은 고대 이집트 문명을 풀어줄 열쇠였어요. 하지만 로제타석을 이용해 이집트 문명을 풀어낸 것은 프랑스이고, 그 열쇠인 로제타석이 있는 곳은 영국이에요. 이집트의 왕비였던 네페르티티 조각상은 독일에 있고요. 그리스 신화가 담긴 파르테논 조각상 역시, 그리스 신화와는 아무 상관도 없는 대영박물관에 전시되어 있지요.

문화재를 빼앗긴 나라들은 약탈당한 문화재를 돌려받으려고 노력하고 있어요. 유네스코도 나섰지요. 그런데 다른 나라의 문화재를 가장 많이 약탈한 나라들은 여전히 약탈 문화재를 돌려주려 하지 않지요.

하지만 문화재를 진정으로 아끼고 문화재의 진정한 가치를 아는 사람들은 점점 많아지고 있어요. 약탈당한 문화재를 되찾는 노력을 하는 사람, 약탈한 문화재를 돌려주어야 한다고 주장하는 사람도 늘고 있지요.

『빼앗긴 문화재에도 봄은 오는가』에서 우리나라가 약탈당한 문화재를 소개한 데에 이어서, 이 책에서는 약탈당한 세계의 유명 문화재들을 소개할 거예요. 그리고 이 문화재들이 왜 자신의 나라로 되돌아가야 하는지 함께 생각해봐요.

서해경

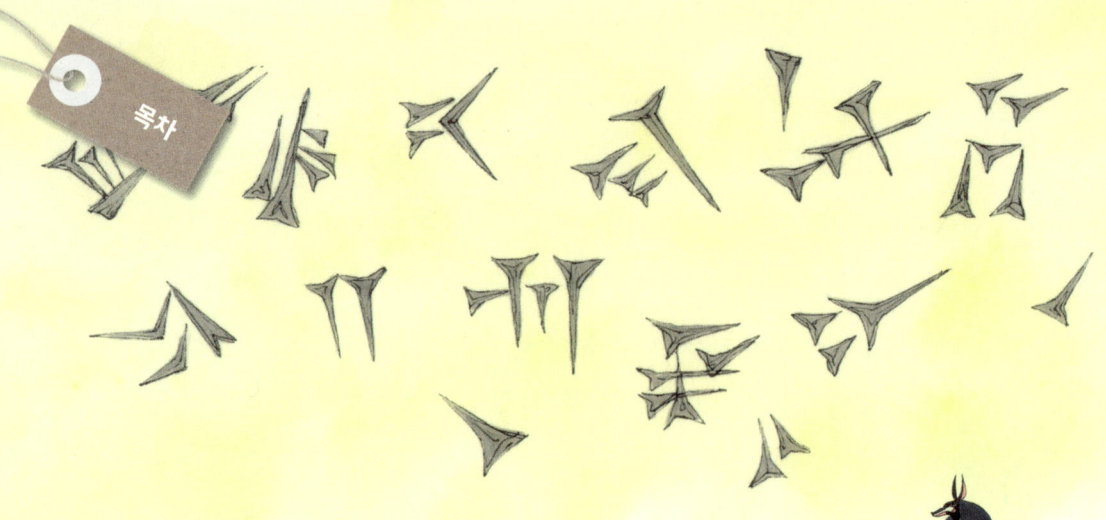

목차

머리말 __문화재는 누구의 것일까요? — 4

1장 나폴레옹 군대가 부순 이집트의 자존심
스핑크스의 수염 — 8

2장 문화재 환수에 불을 지피다
그리스 파르테논 신전 조각품 — 26
부록: 아테네란 이름에 얽힌 이야기 — 39

3장 신비에 싸인 이집트 고대 문명의 열쇠
이집트 로제타석 — 46
부록: 고대 이집트에서 고대 그리스 문자를 사용한 이유 — 59

4장 중국의 문화재는 중국인이 되찾는다
원명원 십이지신 머리 청동상 — 64
부록: 십이지신 — 75

5장 빼앗은 프랑스에는 진품, 빼앗긴 이탈리아에는 복제본
가나의 혼인 잔치 — 84

6장	영국에 약탈당한 베닌 왕국의 역사 **베닌 브론즈** — 102
7장	세계에서 가장 큰 보석이 사라지다 **러시아의 호박방** — 122
8장	프랑스의 자랑거리가 된 세계 최고의 법전 **이란 함무라비 법전 비문** — 140
9장	세계 최대, 최고의 불교 성지가 약탈당하다 **중국 둔황석굴의 고문서** — 156
10장	신화 속 트로이 왕국을 파헤치다 **그리스 트로이 왕국의 유물** — 178

참고 문헌과 사이트 — 198

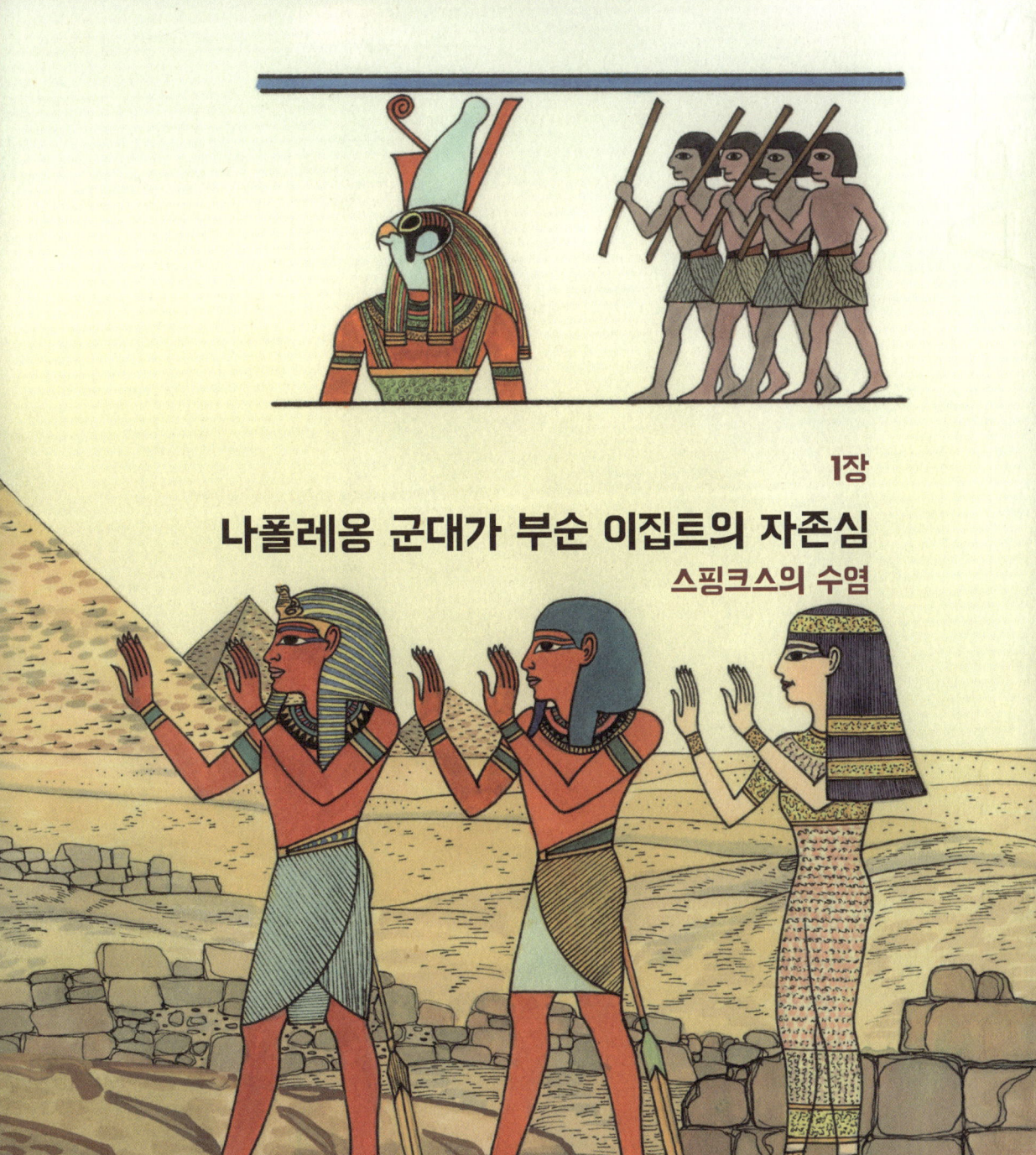

1장
나폴레옹 군대가 부순 이집트의 자존심
스핑크스의 수염

스핑크스의 수염 (대영박물관 소장)

스핑크스 원래의 턱수염은 약 5m 정도로 추정합니다. 그러나 현재 대영박물관이 보관 중인 것은 높이 75cm, 지름 40cm 정도의 파편으로 무게는 400~500kg입니다.

나를 도와주면
파라오가 될 것이다

고대 이집트는 파라오가 다스렸어요. 기원전 1400년 경, 이집트의 파라오는 아멘호테프 2세였어요. 아멘호테프 2세에게는 여러 아들이 있었는데, 그중에 투트모세 4세가 있었어요. 투트모세 4세는 어려서부터 사냥을 좋아했어요.

그날도, 투트모세 4세는 신하들을 이끌고 이집트 남쪽 기자로 사냥을 갔어요. 아침 일찍부터 사냥감을 쫓아 달리다 보니, 피곤했어요.

"잠깐 자고 나서 다시 사냥해야지."

투트모세 4세는 모래 언덕 아래에서 잠이 들었어요. 그리고 스핑크스가 나오는 꿈을 꾸었어요.

"나는 이집트를 지키는 신, 하르마키스*이다. 하지만 나는 지금, 모래에 파묻혀 숨을 쉬기도 어렵다. 나를 위해 모래를 치워주면, 장차 너를 파라오로 만들어주겠다. 그리고 나를 이집트의 수호신으로 믿는 동안은 그 어느 나라도 감히 이집트를 정복할 수 없도록 지켜줄 것이다."

투트모세 4세는 깜짝 놀라 잠에서 깨었어요. 그리고 꿈을 곰곰이 되새겨 보았어요. 이집트에선 파라오의 첫째 아들이 아버지의 뒤를 이어서 파라오가 될 수 있어요. 그런데 투트모세 4세에게는 형 웨벤세누가 있었지요.

'분명히 웨벤세누 형이 파라오가 될 텐데, 스핑크스는 어떻게 나를 파라오로 만들어준다는 걸까.'

투트모세 4세는 주변을 둘러보았어요. 온통 모래로 덮인 황금색 사막 위로, 파라오의 얼굴을 한 스핑크스의 얼굴이 조금 솟아있었지요. 붉은색으로 칠한 스핑크스의 얼굴은 모래에 묻혀, 당장에라도 숨이 막힐 것처럼 보였어요.

투트모세 4세는 꿈을 믿어 보기로 했어요. 그래서 신하들에게 스핑크스를 덮고 있는 모래를 모두 파게 했어요. 서서히 거대한 스핑크스의 모습이 드러났어요. 투트모세 4세도, 신하들도 이곳에 스핑크스가 있다는 것은 알고 있었지만 실제로 스핑크스를 본 것은 처음이었어요.

스핑크스의 얼굴은 두건을 쓴 파라오의 얼굴이고, 몸은 앞발을 앞으로 뻗은 채 배를 땅에 대고 웅크리고 앉은 사자의 모습이었어요. 보기만 해도 고개가 저절로 숙어질 만큼 스핑크스는 위엄이 넘쳤어요.

"어마어마하게 큰 스핑크스구나. 우리 이집트에 있는 수많은 스핑크스 중에 가장 크겠어."

투트모세 4세는 모래를 걷어내고 전체 모습을 드러낸 스핑크스를 보며 감탄했어요.

그 뒤 투트모세 4세는 장군이 되어, 군대를 이끌고 전쟁터를 누볐어요. 하지만 가슴속에는 늘, 꿈에서 스핑크스가 한 말이 남아있었지요.

시간이 지나, 투트모세 4세는 스핑크스의 말대로 아버지 아멘호테프 2세의 뒤를 이어 고대 이집트의 파라오가 되었어요. 투트모세 4세는 스핑크스를 잊지 않았어요. 그래서 매년 스핑크스에게 제사를 지내며 감사의 마음을 표현했어요. 그리고 어렸을 적에 꾼 꿈을 비석에 새겨서 자신이 파라오가 된 사연을 후세에 남겼어요. 비석은 붉은색으로 칠해서 스핑크스의 두 앞발 사이에 세웠어요.

아멘호테프 2세의 첫째 아들이 아닌, 투트모세 4세가 파라오가 된 이야기 외에도, 스핑크스에 대해 전해지는 이야기들이 있어요. 가장 유명한 이야기가 바로, 그리스 신화에 나오는 '오이디푸스와 스핑크스'예요.

고대 그리스는 여러 왕국으로 나뉘어있었어요. 그중 테베라는 왕국이 있었지요. 테베에는 큰 고민거리가 있었는데, 바로 스핑크스였어요. 스핑크스는 가슴과 얼굴은 여자, 몸은 사자, 양어깨에는 독수리의 날개가 있는 괴물이에요. 스핑크스는 테베로 들어가는 길목에 버티고 있으면서 지나가는 사람에게 수수께끼를 냈어요. '아침에는 네 발, 점심에는 두

발, 저녁에는 세 발로 걷는 동물'이 무엇인지를 물었지요. 스핑크스가 내는 수수께끼에는 목숨을 걸어야만 했어요. 살아서 스핑크스를 통과하려면 그 수수께끼를 맞혀야 했지요. 이미 수많은 사람이 그 수수께끼를 맞히지 못해서 스핑크스에게 잡아먹혔어요. 테베 시민은 스핑크스 때문에 두려움에 떨었어요.

그러던 어느 날, 오이디푸스가 스핑크스를 찾아갔어요. 스핑크스는 오이디푸스에게도 같은 수수께끼를 냈어요. 오이디푸스는 망설이지 않고, '수수께끼의 정답은 사람'이라고 대답했지요. 사람은 어려서는 네 발로 기어 다니고, 커서는 두 발로 걷고, 나이가 들어서는 지팡이에 의지해서 걸으니 세 발로 걷는다는 것이었어요. 오이디푸스가 정답을 맞히자, 스핑크스는 자존심이 상해서 스스로 바위에 몸을 던져 죽었어요. 스핑크스에게서 테베 시민을 구한 오이디푸스는 테베의 왕이 되었고, 이 수수께끼는 '스핑크스의 수수께끼'로 유명해졌지요.

용어 풀이

하르마키스*

고대 이집트에서는 스핑크스를 '지평선에 있는 호루스'라는 뜻의 호르 엠 아케르(하르마키스)라고 불렀어요. 호루스는 고대 이집트에서 믿었던 태양신인데, 다양한 모습으로 표현되었어요. 주로 매의 머리를 한 남자의 모습으로 형상화했지만, 사자의 모습으로 나타내기도 했어요. 사자로 나타날 때는 호루미오스라고 불러요. 또 스핑크스의 모습으로 나타날 때는 호르 엠 아케르, 하르마키스라고 부릅니다.

스핑크스의 진짜 수수께끼는
스핑크스

스핑크스는 이름이 많아요. 스핑크스라는 말은 그리스어인데, '목을 조르는 사람'이라는 뜻이에요. 아랍 사람은 스핑크스를 '아부 알 하울'이라 불렀어요. '공포의 아버지'라는 뜻이지요. 고대 이집트에서는 스핑크스를 루키, 쉐세프 앙크라고 불렀어요. 루키는 '서쪽에서 빛나는 것'이라는 뜻이고, 쉐세프 앙크는 '영원한 생명'이라는 뜻이에요. 그리스의 스핑크스는 암컷이지만 이집트의 스핑크스는 수컷이에요. 또 그리스 신화에서는 스핑크스가 사람을 해치는 괴물이지만, 이집트에서 스핑크스는 태양의 신이며, 이집트를 보호하는 신이라 믿었어요. 그래서 궁전, 신전이나 무덤 앞에 스핑크스 조각상을 세웠지요.

스핑크스는 두 종류가 있어요. 머리는 사람이고 몸은 짐승인 스핑크스와 머리는 짐승이고 몸은 사람인 스핑크스가 있어요. 투트모세 4세의 이야기에 나오는 스핑크스는 머리는 사람이고 몸은 사자에 양어깨에는 날개가 달린 스핑크스예요. 사람의 지혜와 사자의 힘, 용맹함을 가진 신이지요.

이집트에는 스핑크스 조각상이 아주 많아요. 우리가 흔히 '스핑크스'라고 부르는 것은, 투트모세 4세의 이야기 속에 나오는 스핑크스를 말해요. 스핑크스 조각상 중에 가장 유명하고, 가장 크지요. 그래서 대 스핑크스라고 부르기도 해요.

스핑크스는 이집트 남부 지역인 기자에 있어요. 높이가 약 20m, 길이가 57m에 이르는 거대한 조각상이에요. 스핑크스는 엄청나게 큰 바

위 하나를 조각해 만들었어요. 머리와 몸 일부는 땅 위에 있고 나머지 몸과 뒷다리는 땅 아래에 조각되어있어요. 스핑크스의 몸은 정확하게 동서 방향으로 누워있는데, 얼굴은 해가 뜨는 동쪽을 바라보고 있어요. 스핑크스를 태양신이라 믿은 이집트인이 태양이 뜨는 동쪽을 향하게 했다고 해요.

그리스 신화 속 스핑크스의 수수께끼는 오이디푸스가 풀었지만, 지금도 풀리지 않는 스핑크스의 수수께끼가 있어요. 바로 스핑크스를 언제, 누가 만들었는지 알 수 없다는 점이에요. 스핑크스는 이집트에서 가장 유명한 피라미드인 쿠푸, 카프레, 멘카우레의 피라미드와 함께 있어요. 스핑크스를 이 피라미드들을 지키는 수호신이라 생각하기도 해요. 그래서 어떤 학자는 기원전 2400년경에, 이 피라미드들을 지을 때 스핑크스도 함께 만들었다고 주장해요.

스핑크스가 카프레의 피라미드와 가깝게 있어서, 어떤 학자는 스핑크스의 얼굴이 카프레의 얼굴을 본떠서 조각했다고 주장해요. 또 다른 학자는 스핑크스가 이 피라미드들보다 더 오래전에 세워졌다면서, 스핑크스의 얼굴이 카프레의 얼굴을 본뜬 것은 사실이 아니라고 말하죠. 최근에는 스핑크스의 몸에 있는 흔적들이 큰 홍수 때문에 생겼는데, 이집트에 큰 홍수가 난 때는 1만여 년 전이니 스핑크스는 1만 년 전에 이미 세워졌다고 주장하는 학자도 있어요.

스핑크스와 함께 있는 피라미드들을 '기자의 피라미드'라 부르는데,

고대 7대 불가사의* 중 하나예요. 7대 불가사의 중에 지금까지 남아있는 유일한 불가사의이기도 하지요. 마찬가지로 스핑크스의 신비 역시, 지금까지도 풀리지 않고 있지요.

용어 풀이

고대 7대 불가사의*

세계에서 불가사의하게 여겨지는 7가지 사물을 말해요. 기원전 225년경에 필론이라는 기계기술자가 「세계 7대 불가사의」라는 기록을 남겨놓은 것을 후대 사람이 발견했어요. 고대 7대 불가사의는 인간이 만든 건축물이지만 실제 인간이 만들었다고 생각하기에는 믿기 어려운 요소가 많아요. 지금의 과학 기술로도 밝혀내기 어려울 만큼 놀라운 기술이 숨어있지요.
메소포타미아 바빌론의 공중정원, 올림피아의 제우스 신상, 로도스섬의 청동 거상, 에페소스의 아르테미스 신전, 할리카르나소스의 마우솔로스 능묘, 알렉산드리아의 파로스 등대, 이집트 기자의 피라미드가 고대 7대 불가사의예요. 이 중에서 이집트 기자의 피라미드를 빼고는 실제로 남아있는 것은 없어요.

스핑크스의 수염이
건방져 보여

　　스핑크스는 피라미드와 함께 이집트 최고의 건축 문화재예요. 파라오를 상징하는 두건을 쓰고, 역시 파라오를 상징하는 코브라가 이마에 조각되어있어요. 턱에는 수염을 달고 있지요. 몸은 사자의 몸인데, 두 앞발 사이에 투트모세 4세가 왕이 된 사연을 새긴 '꿈의 비석'이 새워져 있지요. 스핑크스의 몸이 사자인 것은 힘을 상징하고, 머리가 사람인 것은 지혜를 나타내요. 파라오를 상징하는 두건과 코브라 장식은 스핑크스가 파라오를 상징하는 증거예요. 스핑크스는 원래 붉은색으로 칠해졌지만 오랜 시간이 지나면서 모래와 바람에 쓸려서 지금은 붉은색 흔적만 남았어요.

　　그런데 스핑크스의 코와 턱수염이 사라지고 없어요. 전해지는 이야기

기자의 스핑크스(위키미디어커먼즈)

에는, 이집트를 침입한 터키 군대가 스핑크스의 얼굴을 향해 대포를 쏘는 연습을 해서 부서졌다고도 하고, 이슬람을 믿는 사람들이 스핑크스를 우상이라고 생각해서 코를 없앴다고도 해요.

스핑크스의 사라진 턱수염은 나폴레옹과 관련 있대요. 1798년 나폴레옹은 프랑스군을 이끌고 이집트를 침략했어요. 이집트에 도착해서 거대한 피라미드를 보고 나폴레옹이 자신의 군대에 외쳤어요.

"제군들이여, 이 파라미드 꼭대기에서 4,000년의 역사가 그대들을 보고 있다."

이탈리아를 점령하고 수많은 문화재를 약탈한 나폴레옹은, 이집트를 침략할 때는 아예, 군대 외에도 학자와 화가들을 데리고 왔어요. 그중에 드농이라는 화가가 나폴레옹과 스핑크스를 그린 그림이 남아있어요. 드농은 스핑크스를 본 느낌을 글로도 기록했어요.

"끝이 보이지 않는 거대한 사막에 서있는 스핑크스를 보자, 우리 프랑스군은 자신도 모르는 사이에 걸음을 멈추고 무기를 내려놓았다."

하지만 나폴레옹은 사막 위로 얼굴만 나온 스핑크스를 보고는, 턱수염을 단 스핑크스의 모습이 건방져 보인다고 생각했어요. 그래서 대포를 쏘아 스핑크스의 수염을 떨어뜨렸어요.

중동과 유럽 등에선 '수염'이 권위와 힘, 명예와 높은 지위를 상징했어요. 이집트에서는 여왕이나 왕비가 가짜 수염을 달고 나라를 다스렸어요. 프랑스에서는 왕이나 귀족이 아닌 사람이 수염을 기르려면, 나라에 수염 세금을 내야 했지요. 이집트인에겐 태양신이라 믿은 파라오의 얼굴을 본뜬 스핑크스에 파라오의 수염이 있는 모습은 당연했지요. 하지만 이집트인의 신앙과 문화를 알지 못하거나 무시한 다른 나라 사람들은, 스핑크스의 코와 수염이 마음에 안 들었던 것이죠.

스핑크스의 수염은
어디에 있나?

나폴레옹 군대가 떨어뜨렸다고 하는 스핑크스의 수염의 일부는 이집트도, 프랑스도 아닌, 영국에 있어요.

스핑크스는 수천 년 동안 모래 속 깊숙이 있었어요. 몸 일부가 땅 아래에 만들어진 데다, 사막의 모래바람이 끊임없이 스핑크스의 몸을 뒤덮었지요. 투트모세 4세가 스핑크스 주변의 모래를 다 걷어내고 스핑크스의 몸을 드러냈지만, 스핑크스는 다시 모래바람에 묻혀 사라졌어요.

그러다 이집트를 지배했던 영국의 고고학 팀이 스핑크스 주변에서 프랑스군이 떨어뜨린 스핑크스의 수염 조각들을 발견했어요. 영국은 스핑크스의 수염을 영국으로 실어 갔어요. 이집트를 보호하는 수호신인 스핑크스의 수염을 가져감으로써, 이집트인들의 애국심과 자존심을 꺾기 위

현재 이집트 위치

해서였어요. 지금 스핑크스의 수염은 영국의 대영박물관에 전시되어있어요.

그때까지만 해도 스핑크스는 모래 위로 얼굴만 나와 있었어요. 지금처럼 몸까지 모래 위로 다 보이게 한 사람들은 프랑스 고고학팀이에요. 1886년에 프랑스의 고고학자 마스페로가 스핑크스를 찾아서 주변의 모래를 다 치웠어요. 그 비용은 프랑스 국민이 모금해서 모았지요.

이집트는 가장 먼저, 훌륭한 고대 문명이 발달한 나라예요. 라인강을 중심으로 고대 4대 문명의 하나인 이집트 문명이 발달했지요. 하지만 오랫동안 다른 나라의 식민지로 지배받으며 이집트에 대한 관심은 점점 사라졌어요. 이집트가 세상의 주목을 받은 것은 나폴레옹이 이집트를 침략했을 때 함께 간 학자들이 이집트에 관해 연구하고, 책을 내면서부터예요. 유럽에 이집트풍이 유행했지요. 이집트의 스핑크스와 피라미드를 관광하는 것도 유행했어요. 이집트 문명이 알려지면 알려질수록 더 많은 사람이 이집트를 찾아왔고, 더 많은 이집트 문화재를 도굴하고 훔쳐갔어요. 이집트 파라오의 무덤인 피라미드 속의 보물을 훔치고, 스핑크스 안에 있을지도 모르는 보물을 찾으려고 스핑크스의 등에 구멍을 내어 폭약을 터뜨리기도 했어요. 어떤 사람은 행운을 줄지도 모른다며 스핑크스의 입술을 망치로 부수어 가지고 갔어요.

   1970년부터 이집트는 약탈당한 문화재를 돌려받는 일을 하는 위원회를 조직하고, 전 세계에 흩어진 이집트의 문화재를 되찾으려 노력하고 있어요. 1982년, 이집트는 영국 외무부에 스핑크스의 수염을 돌려달라고 요청했어요. 스핑크스를 원래의 모습으로 되살리기 위해서였어요. 하지만 영국 외무부는 이집트의 요청을 거절했어요. 사실, 대영박물관에 전시된 스핑크스의 수염 조각은, 소개 글을 읽기 전에는 무엇인지 모를 만큼, 스핑크스의 수염처럼 보이지 않아요. 그런데도 대영박물관은 스핑크스의 수염을 이집트에 돌려주지 않고 있어요. 스핑크스의 수염만 가지고 있는 대영박물관, 수염을 잃은 이집트의 스핑크스, 스핑크스의 수염은 어디에 있어야 할까요?

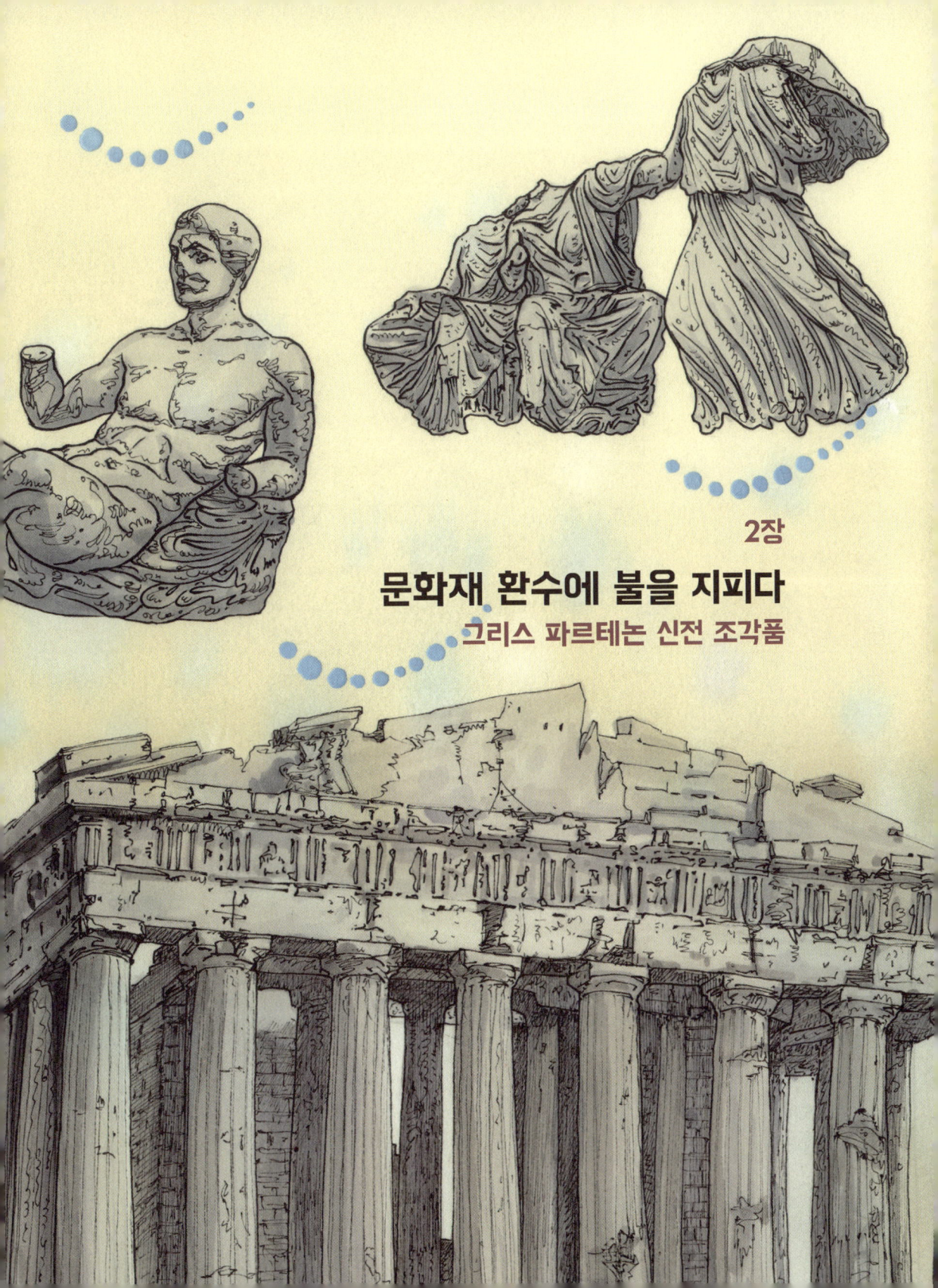

2장

문화재 환수에 불을 지피다
그리스 파르테논 신전 조각품

파르테논 조각품 중 일부(대영박물관 소장)

그리스의 파르테논 신전 프리즈(지붕 아래 부분)을 장식한 조각상으로, 전쟁터에서 말을 타고 달리는 군인의 모습이 표현되었습니다.

멜리나 메르쿠리가 대영박물관에서
파르테논 조각품들을 발견하다

그리스 여배우 멜리나 메르쿠리는 1962년, 영국 대영박물관에서 영화를 찍고 있었어요. 그리스 신화에 나오는 '페드라'의 이야기를 영화로 만드는 작업이었어요.

"이 박물관에 전시된 문화재들은 대단하군요. 전 세계의 대표적인 문화재는 다 이곳에 있는 것 같아요."

영화를 촬영하는 사람들은 대영박물관에 전시된 문화재의 수가 엄청나게 많고, 그 문화재의 수준도 뛰어난 것을 보며 감탄했어요. 메르쿠리와 영화 제작팀이 대영박물관의 엄청난 전시품을 둘러보며 더빈 갤러리에 들어섰을 때였어요.

"앗, 저 조각품들은…."

엘긴의 조각품으로 불린 파르세논 신전의 조각품 중 일부(대영박물관 소장)

갑자기 메르쿠리가 전시된 조각품들을 향해 달려갔어요. '엘긴의 조각품'이라고 설명된 조각품들이었어요.

"틀림없어, 틀림없어. 우리 그리스의 조각들이야."

메르쿠리는 조각품들을 껴안고 울음을 터뜨렸어요.

놀란 사람들이 메리쿠리의 주위로 몰려들었어요.

"이 조각품들은 그리스 파르테논 신전에 있던 작품이에요. 이 조각품이 왜 영국에 있는 거죠? 그리고 이것들을 '엘긴의 조각품'이라고 부르다니, 말도 안 돼요."

메르쿠리는 그 조각품을 쓰다듬으며 안타까워했어요.

조국 그리스의 파르테논 신전에서 강제로 떼어 내져서 남의 나라 박물관에 전시된 조각품들을 보고 메르쿠리는 큰 충격을 받았어요. 슬픔이 복받쳤지요. 메르쿠리는 이 일을 잊지 않았어요.

그 뒤 메르쿠리는 그리스가 독재국가가 되자, 영화배우의 삶을 버리고 그리스를 위해 독재정권과 싸웠어요. 그리스에서 추방당하고 목숨의 위협까지 받았지만, 메르쿠리는 그리스의 자유를

멜리나 메르쿠리(1985년 당시)

위한 싸움을 포기하지 않았어요. 몇 년 뒤 그리스는 다시 자유를 찾았고 메르쿠리는 그리스인이 가장 사랑하는 정치가가 되었지요. 메르쿠리는 1981년과 1993년에 그리스의 문화부 장관이 되었어요.

문화부 장관이 된 메르쿠리는 당장 영국으로부터 파르테논 신전의 조각품들을 돌려받기 위해 나섰어요. 이 일에 일생을 바쳤지요. 우선 파르테논 조각품들이 대영박물관에 전시되어있는 것을 그리스와 전 세계에 알렸어요. 그 조각품이 어떻게 해서 그리스를 떠나 영국에 있는지, 그 조각품이 그리스와 그리스인에게 어떤 가치가 있는지도 함께 알렸지요.

"파르테논 조각품들은 반드시 그리스로 되돌아가야 합니다. 파르테논 신전을 장식했던 이 조각품들은 파르테논 신전과 함께 있어야지만 완벽

한 의미가 있습니다."

메르쿠리의 호소를 듣고 전 세계 사람은 깜짝 놀랐어요. 그동안 대영박물관을 방문한 관람객은 박물관에 전시된 엘긴의 조각품들을 보며 감탄했어요. 하지만 왜 그리스의 조각품이 그곳 대영박물관에 있는지는 생각하지 않았지요. '엘긴의 조각품들'은 대영박물관을 대표하는 전시품이었을 뿐이에요. 메르쿠리의 호소를 들은 사람들은, 영국이 그리스에 파르테논 조각품들을 돌려주어야 한다고 생각하게 되었어요.

메르쿠리는 멕시코에서 열린 유네스코 총회에서 연설했어요.

"영국은 약탈한 아크로폴리스(파르테논 신전이 있는 곳) 신전 조각품들을 돌려줘 원형을 복구하도록 해야 한다."

메르쿠리의 연설을 듣고 사람들은 고개를 끄덕였어요. 그리고 '모든 문화재는 그 문화재가 태어난 나라에 돌려줘야 한다.'라고 결정했어요.

메르쿠리의 활동은 그리스뿐 아니라 전 세계 사람을 감동하게 했어요. 이제 전 세계 사람들이 파르테논 조각품들을 그리스로 돌려보내기 위해 함께 노력하고 있지요. 메르쿠리의 호소는, 다른 나라에 강제로 문화재를 빼앗긴 나라들을 일깨웠어요. 어쩔 수 없는 일이라고 단념했던 자신들의 빼앗긴 문화재를 다시 찾아와야 한다는 결심을 하게 했지요.

1994년 메르쿠리가 사망했어요. 하지만 그녀의 노력은 지금도 계속되고 있어요. 그녀의 남편과 그리스인, 세계의 지지자들이 지금도 파르테논 조각품들을 그리스로 돌려보내기 위해 노력하고 있으니까요.

그리스 민족의 얼,
파르테논 신전

'유네스코가 지정한 문화유산', '유네스코가 지정한 자연환경' 등의 말을 많이 듣지요? 유네스코*는 '세계가 교육, 과학, 문화를 통해 평화롭게 함께 살기 위해 만들어진 기구'예요. 유네스코를 상징하는 로고와 깃발에는 같은 건축물이 그려져 있어요. 바로 그리스 아테네에 있는 파르테논 신전이에요. 그뿐만 아니라 유네스코가 지정한 세계 문화유산 1호도 파르테논 신전이지요. 파르테논 신전이 어떻기에 세계의 문화를 보호, 발전시키는 유네스코의 상징이 된 걸까요?

그리스는 서양의 문화가 시작된 곳이에요. 지금까지 수많은 이야기에 영향을 주고 있는 그리스 신화가 태어난 곳이고 철학과 과학, 의학, 예술 등이 이미 수천 년 전부터 발달했지요. 그런 그리스의 문화와 힘이 응

그리스가 있는 유럽 지도

집된 최고의 건축물이 바로 파르테논 신전이에요.

  파르테논 신전은 완벽한 균형과 조화, 빼어난 예술성과 건축술로 세계에서 가장 뛰어난 건축물로 인정받고 있어요. 고대 그리스는 여러 개의 도시국가로 나뉘어있었어요. 아테네와 스파르타쿠스 등으로 말이지요. 그런데 기원전 5세기 중반에 페르시아가 그리스를 침입했어요. 어마어마한 수의 군인이 그리스를 짓밟았지요. 그리스의 여러 도시국가는 아테네를 중심으로 힘을 합쳐 페르시아와 싸웠어요. 페르시아와 두 번에 걸친 전쟁에서 힘겹게 이긴 뒤 아테네는 전쟁의 승리를 기념하기 위해 가장 먼저, 아테네에 파르테논 신전을 세웠어요. 아테네의 수호신, 아테네 여신에게 승리를 거둔 데 감사하며 바친 신전이에요. '파르테논 신전'이란 말도 '여신의 신전'이라는 뜻이지요.

파르테논 신전은 기원전 447년 공사를 시작해 15년 만인 기원전 432년에 완성했어요. '역사학의 아버지'라 불리는 역사가 헤로도토스, 철학자 프로타고라스, 『오이디푸스 왕』을 쓴 문학가 소포클레스 등 당대 최고의 문화, 지식인까지 파르테논 신전 건설에 힘을 모았지요. 신전의 설계는, 그리스 최고 건축가인 익티노스와 날개 없는 승리의 여신 니케에게 바친 신전, 바다의 신 포세이돈 신전, 전쟁의 신 아레스 신전 등을 세운 칼리크라테스가 맡았어요. 파르테논 신전의 기둥은 위로 갈수록 좁아지는 도리아식 기둥인데, 일부러 안쪽으로 비스듬하게 기울어지게 세웠어요. 지붕의 무게와 기둥이 기울어진 각도를 정확하게 계산해서, 기둥은 기울어져 있지만 튼튼하게 지붕을 받치고 있지요.

파르테논의 아테네 여신상을 비롯한 조각품들은 페이디아스가 동료, 제자 들을 이끌고 6년 동안 조각했어요. 페이디아스는 이집트의 피라미드와 함께 '고대 7대 불가사의'에 속하는 제우스 신상*을 제작한 조각가로도 유명하지요.

파르테논 조각품들은 세 종류로 나뉘어요. 지붕 밑을 장식한 조각품들은, 아테네 여신의 탄생과 아테네 도시를 차지하기 위해 아테네 여신과 포세이돈이 싸우는 모습이에요. 환조로 신들의 모습을 입체적으로 표

현했지요. 그리스 영웅 라피테스와 반인반마인 켄타우로스의 싸움을 비롯한 그리스 신화 속 영웅들의 모습은 한쪽 면만 조각된 부조로 표현했는데 깊게 조각해서 입체적인 모습을 잘 살렸어요. 파르테논 신전의 안쪽 윗벽은 조각품들이 띠처럼 새겨져 있는데, 얕게 조각한 부조예요. 이 얕은 부조들에는 사람이 무려 400여 명이나 조각되고, 동물은 200여 마리나 조각이 되어있어요. 고대 그리스는 4년에 한 번, 아테네 여신의 생일을 축하하는 축제를 했어요. 아테네 여신에게는 새 드레스를 바쳤지요. 이 축제와 드레스를 바치는 의식이 조각되어있어요. 파르테논 신전은 인류 역사상 가장 뛰어난 건축물을 지으려는 아테네 사람들의 의지와 노력, 기술과 높은 예술성이 합쳐진 건축물이에요.

　당시 유럽의 미술은 고대 이집트 문화의 영향을 받아서 정해진 규칙대로만 표현했어요. 그런데 고대 그리스의 예술가들은 고대 이집트의 영향에서 벗어나, 인류 역사상 처음으로 눈에 보이는 대로 그림을 그리고 조각을 했지요. 사람의 몸을 실제와 똑같이 표현한 것도 고대 그리스인들이었어요. 파르테논 조각품들은 그리스뿐 아니라 서양 문화의 최고봉이라 칭송받고 있지요.

용어 풀이

유네스코*
(United Nations Educational, Scientific and Cultural Organization)
국제 연합의 교육·과학·문화 기구예요. 세계 여러 나라가 교육·과학·문화를 통해 서로 협력하고, 세계 평화와 안전을 지키는 것이 목적이에요.

제우스 신상*
제우스 신상의 높이는 무려 12.4m예요. 그 밑에 높이 90cm, 폭이 6.6m인 받침대가 있어요. 426년 황제 테오도시우스 1세의 명령으로 파괴되었어요. 그 뒤에는 지진과 홍수 등으로 모래에 묻혀 지금은 남아있지 않아요.

아테네란 이름에 얽힌 이야기

그리스 신화에는 아테네 도시에 대한 이야기가 전해져요. 처음 아테네라는 도시가 생길 때, 지혜의 여신 아테네와 바다의 신 포세이돈은 이 도시를 차지하려고 싸웠어요. 아테네가 승리해서 도시의 수호신이 되었지요. 그리고 여신의 이름을 따서 도시의 이름도 아테네로 지었어요. 아테네 시민은 여러 신전을 짓고 아테네 여신을 기렸어요.

영국의 시인 바이런은 아테네와 포세이돈의 싸움을 노래한 시를 지었어요:
"오 파르테논이여, 세계의 자랑이여. 너의 발밑에 바다의 신 포세이돈이 굴에 갇힌 사자처럼 누워있다."

파르테논 신전(가상 복원 모형)

파르테논 조각품들이
'엘긴의 조각품들'이라 불리는 이유

프랑스 루브르박물관에 '모나리자'가 있다면, 영국 대영박물관에는 '파르테논 조각품들'이 있다고 할 만큼 파르테논 조각품들은 대영박물관을 대표하는 문화재예요. 파르테논 조각품들을 전시하기 위해 더빈 갤러리를 따로 지었을 정도지요. 그런데 어떻게 해서 파르테논 신전을 장식한 조각품들이 그리스를 떠나 영국까지 온 걸까요?

기원전 5세기에 세워진 파르테논은 그리스의 역사와 함께 다양한 고난을 겪었어요. 아테네 여신을 섬긴 파르테논 신전이 기독교와 이슬람교의 신전으로 이용되기도 하고, 베네치아 공화국의 공격을 받아 아테네 여신상을 비롯해 많은 조각품이 부서지기도 했어요. 하지만 파르테논 신전을 완전히 망가뜨린 사람은 영국의 엘긴이에요.

엘긴은 터키 주재 영국 대사였어요. 그는 자신의 집을 그리스식으로 꾸미고 싶었어요. 그래서 파르테논 조각품들을 본떠서 집을 장식하려고 했지요. 하지만 본을 떠서 재현하는 것은 성에 차지 않았어요. 진짜 파르테논 조각품으로 집을 장식하고 싶어졌지요. 결국 그는 터키에 압력을 넣었어요. 당시 터키는 그리스와 이집트를 지배하고 있었는데, 영국이 이집트에서 나폴레옹의 프랑스군을 쫓아내 주었죠. 영국의 도움을 받은 터라, 터키는 영국 대사 엘긴의 부탁을 거절할 수 없었어요.

1801부터 약 12년 동안 엘긴은 파르테논 신전에 남아있던 조각품을 거의 파냈어요. 무려 253점이나 되었지요. 그는 조각품들을 영국에 있는 자신의 집으로 옮겨갔어요. 다른 나라의 문화재를 약탈하는 행동을 '엘기니즘'이라고 하는데, 이 말은 바로 파르테논 조각품들을 훔쳐간 엘긴의 행동에서 시작된 표현이에요. 당시 영국의 시인 바이런과 지식인, 일부 정치인은 엘긴의 행동을 비난했어요. 문화재는 원래 있던 곳에 있어야만 가치가 있는데, 개인의 욕심으로 문화재를 파괴하고 훔친 행동은 야만적이고 이기적인 도둑질일 뿐이라는 것이었지요.

욕심이 과했던 만큼 엘긴이 파르테논 조각품들을 약탈하는 비용도 많이 들었어요. 결국 엘긴은 파산하고 말았지요. 하는 수 없이 엘긴은 파르테논 조각품들을 영국 정부에 사달라고 요청했어요. 영국 정부도 엘긴의 행동을 비난했지만, 최고의 문화재인 파르테논 조각품들은 탐이 났어요. 1816년, 영국 정부는 파르테논 조각품들을 3만 5,000£(파운드)에

엘긴에게 샀어요. 조각품들의 이름도 '파르테논 조각품들'이 아니라 '엘긴의 조각품들(엘긴마블스)'이라고 바꾸고, 대영박물관에 보관하게 했어요.

그리스와 영국의
문화 전쟁

　그리스 신화는 오랜 시간, 전 세계 사람에게 상상의 나래를 펼치게 한 이야기예요. 하지만 한국인에게 단군 신화가 그러하듯이, 그리스인에게 그리스 신화는, 그리스 민족의 정신이 새겨진 소중한 이야기예요. 파르테논 신전의 조각품은 그리스 신화를 조각으로 표현해, 그리스의 민족의식을 상징하고 있지요. 이토록 소중한 문화재이기 때문에 그리스는 1832년, 터키로부터 독립한 뒤, 식민지 시절 약탈당한 파르테논 조각품을 되찾기 위해 노력하고 있어요.

　제2차 세계대전이 한창이던 1941년, 처칠이 수상이었던 영국은 그리스에 전쟁이 끝나면 파르테논 조각품들을 돌려주겠다고 약속했어요. 하지만 막상 전쟁이 끝나자 바로 말을 바꾸어 파르테논 조각품들을 돌려주지 않았어요.

영국이 파르테논 조각품들을 돌려주지 않는 근거는 무엇일까요?

영국은, 엘긴이 그리스를 지배했던 터키의 허락을 받아 파르테논 조각품들을 가져왔다고 주장해요. 또 영국은 그리스가 공해가 심하고 파르테논 조각품들을 잘 보관할 능력이 없다고 우기고 있어요. 파르테논 조각품들을 위해서 자신들이 가지고 있어야 한다는 거예요. 또 1년에 600만 명이 대영박물관에 와서 파르테논 조각품들을 감상하는 만큼, 이제 파르테논 조각품들은 그리스 한 나라의 것이 아니라 전 세계의 문화유산이라고 주장해요.

그리스는 영국의 주장에 대해, '그리스인 누구도 파르테논 조각품들이 영국에 가는 것을 허락한 적이 없다. 파르테논 조각품들은 명백하게 영국이 훔쳐간 것이니 돌려달라.'고 주장해요. 엘긴은 터키가 파르테논 조각품들을 가져가라고 허락했다는 허가장이 없거든요. 공해도 영국이 그리스보다 더 심하고, 파르테논 조각품들이 그리스만의 문화재가 아니라 전 세계의 문화유산이라고 해도 파르테논 조각품들이 원래 있던 파르테논 신전과 함께 있는 것이 더 가치가 있다고 말이에요. 무엇보다 대영박물관에 파르테논 조각품들은 수많은 소장품 중 하나일 뿐이지만, 그리스에는 그리스 정신을 대변하는 가장 소중한 문화재라는 것이지요. 그리고 다른 나라에 빼앗긴 수많은 문화재를 다 돌려달라는 것이 아니라 파르테논 조각품들을 돌려달라는 것이라고 말이죠.

2004년 그리스 아테네에서 올림픽이 열렸어요. 그리스는 엄청난 비용을 들여서 신 아크로폴리스박물관을 짓고 파르테논 조각품들을 전시할 공간을 준비했어요. 그리스는 영국에 올림픽 기간만이라도 파르테논 조각품들을 빌려달라고 부탁했어요. 파르테논 조각품 중에는 고대 올림픽의 장면을 조각한 것도 있었지요. 올림픽이 시작된 아테네에서 다시 올림픽을 하면서 최초의 올림픽의 모습이 조각된 것을 전시하는 것은 매우 뜻깊은 일이었지요. 그뿐만 아니라 그리스는 보물급의 문화재 수백 점도 영국에 빌려주겠다고 했어요. 하지만 영국은 그리스의 간곡한 요청을 거절했어요. 결국, 신 아크로폴리스박물관은 텅 빈 채 2004년 아테네 올림픽을 맞았지요.

2007년에는 그리스 청소년 2,000명이 파르테논 신전 주위에서 인간 사슬을 만들어 파르테논 조각품들을 돌려달라는 시위를 벌였어요. 그리스의 노력은 결실을 보고 있어요. 파르테논 조각품들은 가장 대표적인 문화재 환수 운동이 되었지요. 영국 국민까지도 파르테논 조각품들을 그리스로 돌려보내야 한다고 생각하고 있어요. 엘긴이 선물한 파르테논 조각품들을 가지고 있던 이탈리아, 프랑스, 교황청, 미국, 독일 등은 조각품들을 영구임대 등의 방법으로 그리스에 돌려보냈어요. 지금도 그리스는 영국으로부터 파르테논 조각품들을 돌려받기 위해 계속 노력하고 있어요. '엘긴의 조각품들, 엘긴마블스'란 이름 대신 '파르테논 조각품들'이란 이름을 찾는 것부터 시작하고 있지요.

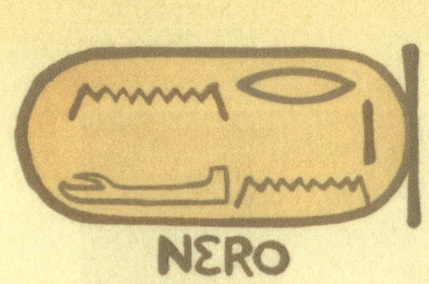

3장

신비에 싸인 이집트 고대 문명의 열쇠
이집트 로제타석

로제타석 정면 모습(1802년부터 대영박물관 소장)

로제타석은 프톨레마이오스 5세 에피파네스 때에 만든 비석입니다. 1799년 7월 15일 나일강 어귀의 로제타에서 나폴레옹의 이집트 원정군 장교인 피에르 부샤르가 발견하였습니다.
(가장 높은 곳 높이가 114.4cm, 너비는 72.3cm, 두께는 27.9cm, 무게 760kg 정도)

이집트 상형문자를 해독한
샹폴리옹

"분명히 이 비석에는 프톨레마이오스라는 이름이 새겨져 있을 거야. 이 비석은 프톨레마이오스 5세를 칭송하는 내용이 새겨진 비석이니까."

샹폴리옹은 로제타석의 탁본(돌이나 금속 등에 새겨진 글을 종이에 찍은 것)을 들여다보며 중얼거렸어요.

샹폴리옹은 언어에 대해 비상한 재주가 있었어요. 제대로 교육을 받지 않았는데도 여러 고대 언어를 비롯한 십여 가지의 언어를 알았어요. 그런 그가 12세에 로제타석의 탁본을 처음 보았어요. 그는 그림인지, 글자인지, 암호인지 모를 고대 이집트 문자에 푹 빠졌어요. 샹폴리옹은 고대 이집트 문자를 해석하는 데 일생을 바치기로 했어요.

샹폴리옹은 로제타석이 이집트의 고대 문자를 해석하는 열쇠가 될 거

이집트 지도

라 믿었어요. 로제타석에는 고대 이집트 문자와 고대 그리스 문자로 같은 내용이 새겨져 있었어요. 고대 그리스 문자를 읽어서 로제타석에 새겨진 내용은 이미 알려졌었어요. 하지만 고대 이집트 문자를 해독할 수 있는 사람은 아무도 없었지요. 그래서 수많은 고대 이집트의 유물, 문화재들이 어떤 뜻이 있는지를 알 수 없었어요. 고대 이집트 문자를 읽을 줄 모르니, 세계 4대 문명의 하나인 고대 이집트 문명은 짙은 어둠에 싸인 비밀의 세계였지요.

샹폴리옹은 고대 이집트의 유물인 로제타석의 글자들을 아주 자세히

들여다봤어요. 그러다 로제타석에 새겨진 고대 이집트 문자 중에 둥근 타원형으로 둘러싸인 단어를 발견했어요. 문득 영국의 고고학자가 영국으로 가져간 오벨리스크가 떠올랐어요. 이집트 나일강에 있는 필레섬의 이시스 신전에 있던 오벨리스크였어요.

로제타석처럼 필레 오벨리스크*에도 고대 이집트 문자와 고대 그리스 문자가 함께 새겨져 있어요. 고대 그리스 문자를 해석해서 오벨리스크에 새겨진 내용이 어떤 내용인지 이미 알려졌지요. 필레 오벨리스크는 프톨레마이오스 9세와 왕비 클레오파트라가 이시스라는 고대 이집트 여신에게 바친 것이었어요. 로제타석과 필레 오벨리스크에는 모두 '프톨레마이오스'라는 단어가 새겨져 있는 거였어요. 샹폴리옹은 로제타석과 필레 오벨리스크에 새겨진 고대 이집트 문자를 비교해서 같은 모양의 단어를 찾았어요. 그리고 같은 모양의 단어를 발견했어요. 역시나 타원형으로 둘러싸인 글자가 '프톨레마이오스'라는 단어였던 거예요.

"그래. 이 타원형은 이집트 파라오의 이름을 둘러싸고 있는 것이 분명해. 고귀한 신분을 나타내기 위해서 말이야."

샹폴리옹은 잠을 자는 것도 잊고 로제타석과 필레 오벨리스크의 글자를 비교해 나갔어요. 오벨리스크에는 프톨레마이오스 9세와 그의 부인 클레오파트라에 대한 내용도 있었어요. 오벨리스크에 새겨진 글자를 손가락으로 하나하나 짚어가며 찾아보니, 프톨레마이오스 왕을 표현한 타원형 안의 단어 말고도 또 타원형에 싸인 단어가 있었어요.

"분명히 이 타원형으로 둘러싸인 단어가 '클레오파트라'일 거야."

이렇게 해서 샹폴리옹은 '프톨레마이오스'와 '클레오파트라'라는 고대 이집트 문자를 찾은 거예요. 두 단어를 나란히 놓고 비교해 보았어요. 두 단어에 모두 나오는 글자를 찾아보니, ㅁ, △, 사자, 매, 손, 칼의 그림이 있었어요. 그리고 이 글자들이 각각 알파벳 P, T, L, A, D, I와 같다는 것을 알게 되었어요. 샹폴리옹은 고대 이집트 문자로 된 다른 문서도 찾아가며 그 문서들 속에 타원형으로 싸인 단어들, 바로 고대 이집트 파라오의 이름들을 찾아서 비교해 나갔어요. 이런 방식으로 고대 이집트 문자 132개를 찾았지요. 그리고 파라오 27명의 이름을 발표했어요. 샹폴리옹의 발표로 고대 이집트 문명은 다시 세상에 그 진짜 모습을 알릴 수 있었어요.

용어 풀이

필레 오벨리스크*
샹폴리옹이 고대 그리스 상형문자를 해석하는 데 큰 도움을 주었다고 해서, 제2의 로제타석이라고도 불려요.

왜 이집트학이
프랑스에서 시작되었을까

　루브르박물관 1층 고대 이집트실에는 이집트 문명이 싹튼 기원전 4000년경부터 프톨레마이오스 왕조의 마지막 여왕인 클레오파트라에 이르기까지의 이집트 역사와 문화재가 시대별로 차례로 전시되어있어요. 그뿐만 아니라 이집트를 연구하는 '이집트학'도 프랑스에서 시작되었지요. 어떻게 해서 이집트가 아닌, 프랑스에서 '이집트학'이 시작되고 발달했을까요? 그 이유는 그만큼, 프랑스에 이집트의 문화재가 많기 때문이에요.

　이집트는 동양과 서양이 만나는 곳이고, 지중해와 홍해가 만나는 곳에 있어요. 이집트는 이런 중요한 지역에 있는 나라였기에, 페르시아 제국, 그리스의 알렉산더 대왕과 로마 제국, 비잔틴 제국, 이슬람 제국,

터키 등의 강력한 나라들이 이집트를 욕심내고 침략했어요.

이집트가 터키의 지배를 받던 1799년, 프랑스 나폴레옹이 이집트를 침략했어요. 당시 프랑스와 영국은 더 많은 식민지를 선점하고 무역을 더 많이 하기 위해 치열하게 경쟁하고 있었어요. 이집트를 차지하면, 영국이 그 당시 영국의 식민지였던 인도로 가는 길을 막고, 프랑스가 영국보다 더 쉽게 동방무역을 차지할 수 있어요. 이런 이유 외에도 고대 문명이 태어나고 발달했던 이집트는 너무나 매력적인 곳이었어요. 수많은 문화재가 가득하고 신비한 신화가 숨어있는 비밀의 땅이었지요. 그래서 나폴레옹은 이집트에 전쟁하러 가면서도 다양한 분야의 학자들을 데리고 갔어요. 화가, 건축가, 천문학자, 인문학자, 음악가, 수학자 등 170여 명이나 되지요. 프랑스군이 전쟁하는 사이 이 전문가들은 이집트 카이로에 '이집트 연구소'를 만들고 이집트를 본격적으로 연구했어요.

프랑스로 돌아온 뒤, 나폴레옹은 함께 이집트에 갔던 각 분야의 전문가들에게 『이집트에 대한 기록(Description de l'Egypte)』이란 백과사전을 만들게 했어요. 화가 200명이 그린 그림만 3만 컷이나 들어간 엄청난 작업이었어요. 1809년부터 20여 년 동안 스물네 권을 출간했는데, 이집트의 유적과 유물, 주민의 생활풍습, 종교, 지질, 동식물에 이르기까지 이집트의 모든 것에 대한 백과사전이었어요.

이 책을 읽고 유럽 사람들은 충격에 빠졌어요. 세계의 중심이라 자부했던 유럽의 문화보다 수천 년이나 앞선 고대 이집트 문명을 보고 감탄

하지 않을 수 없었어요. 유럽 사람들은 이집트풍의 가구를 짜고 스핑크스 모양의 생활용품을 만들었어요. 하지만 고대 이집트 문화재들이 아무리 신비하고 대단해 보여도 그것이 무엇인지, 어디에 사용했던 것인지, 누가 언제 만든 것인지를 알 수 없었어요. 고대 이집트 문자를 아는 사람이 없었으니까요. 이집트 문명에 감탄한 만큼, 궁금증은 더욱 컸어요.

5,000년 고대 이집트의 비밀을 풀어준
로제타석

　1799년 7월 15일에 이집트 로제타(지금의 라시드)라는 곳에서 프랑스군이 땅속에 묻힌 비석을 발견했어요. 그들은 로제타석을 발견하자마자 이 비석이 대단한 가치가 있는 문화재라는 것을 알았어요. 그래서 이집트 카이로에 있는 연구소로 옮겨서 연구했어요. 프랑스군의 예상대로, 이 비석이 바로 샹폴리옹이 고대 이집트 문자를 알아내는 데 결정적인 역할을 한 로제타석이에요. 로제타에서 발견된 비석이라고 해서, 로제타석이라 부르지요. 처음 로제타석은 이집트 북부 지방의 중심지였던 사이스의 광장에 세워졌어요. 그러다 터키 군대가 근처에 있던 돌을 다 모아 요새를 지었는데, 그 돌들 사이에 섞여 땅속에 묻혔던 거예요.
　로제타석은 분홍빛이 살짝 도는 진회색의 화강섬록암으로 만들어졌어

로제타석 오른쪽, 왼쪽 옆모습(대영박물관 소장)

요. 가로 72cm, 세로 114cm, 두께 30cm, 무게가 760kg이지요. 이 비석에는 고대 이집트 상형문자와 고대 이집트의 민중문자, 고대 그리스 문자*가 차례로 빼곡히 새겨져 있어요. 같은 내용의 글을 세 가지 문자로 새긴 거예요. 이 비석을 만든 고대 이집트는 신을 섬기는 사제와 귀족들이 사용하는 상형문자, 국민이 사용하는 민중문자 그리고 고대 그리스 문자를 함께 사용했어요. 이집트에 있는 사람 모두가 로제타석의 내용을 읽을 수 있도록 세 가지 문자로 새긴 것이지요.

고대 그리스 문자로 적힌 부분을 해석해보니, 로제타석은 기원전 196년 3월 27일, 열두 살에 파라오가 된 프톨레마이오스 5세가 파라오가 된 1주년을 기념해서 만든 비석이었어요. 프톨레마이오스 5세가 사제들과 신전에 여러 가지 은혜를 베푼 것을 찬양하고 이집트 국민의 단합을 기원하는 내용이 새겨져 있지요.

고대 이집트에서
고대 그리스 문자를 사용한 이유

　기원전 페르시아는 주위의 나라들을 정복하는 강력한 제국이었어요. 여러 차례 그리스의 도시국가들을 침략했지요. 하지만 그리스 마케도니아의 알렉산더 대왕에게 멸망하지요. 알렉산더 대왕은 기원전 332년에 페르시아의 지배를 받던 이집트도 정복해요. 이집트는 페르시아 다음에 알렉산더의 지배를 받게 된 것이지요. 그 뒤 이집트는 그리스인이 파라오가 되어 프톨레마이오스 왕조가 시작되고, 고대 그리스 문자와 말도 고대 이집트 문자와 말과 함께 사용했어요.

프랑스, 영국의
로제타석 쟁탈기

인류가 시작된 이후부터 지금에 이르기까지, 세계에서 가장 뛰어난 유물과 문화재를 많이 가지고 있는 박물관은 대영박물관일 거예요. 그런 대영박물관을 대표하는 문화재가 바로 로제타석이에요. 로제타석을 통해서 고대 이집트의 문명을 밝힌 일은 세계 문화사에 가장 중요한 사건 중 하나니까요.

그런데 나폴레옹의 프랑스 군대가 발견한 로제타석이 왜 영국 대영박물관에 있는 걸까요? 이집트를 정복한 뒤, 1799년 나폴레옹은 프랑스에 큰 혼란이 일어나자, 군대를 이집트에 두고 혼자 프랑스로 돌아갔어요. 그러자 프랑스를 이집트에서 몰아내기 위해 이집트를 지배했던 터키와

영국, 오스트리아가 손을 잡고 프랑스군을 공격했어요. 프랑스군은 귀중한 로제타석만은 다른 나라에 빼앗기고 싶지 않았어요. 그래서 카이로 연구소에 있던 로제타석을 알렉산드리아로 옮기고 프랑스 장군의 집에 숨기기도 했어요.

  2년 뒤, 프랑스군은 결국 영국군에 항복했어요. 영국군은 프랑스군이 이집트에서 찾은 고대 유물과 문화재들을 달라고 했어요. 특히 로제타석을 원했지요. 프랑스에 로제타석을 받은 영국군은, 로제타석을 특별히 따로 배에 싣고 영국 장군이 직접 영국으로 옮겼어요. 1802년부터 로제타석은 대영박물관에 보관되어있지요.

이집트는 인류의 문명이 태어나고 발달한 곳이에요. 지금의 발달한 과학 기술과 지식으로도 다 알 수 없고 흉내 내기도 힘들 만큼, 최고의 문화를 꽃피운 곳이지요. 하지만 위대한 고대 이집트 문명은 비밀에 싸여있었어요. 문명이 단절되었기 때문이에요. 강력한 나라에 여러 번 침략당하고 지배받으면서 고대 이집트 문명은 더는 발전할 수도, 유지될 수도 없었지요. 고대 이집트 문자를 아는 사람은 점점 줄어들었습니다. 이렇게 2,000여 년이란 긴 시간이 지났어요. 결국 고대 이집트 문자를 읽고 무슨 뜻인지 해석할 수 있는 사람이 아무도 없게 되었어요. 최고의 문명인 고대 이집트 문명을 볼 수는 있지만, 무엇인지는 알 수 없게 된 거예요.

하지만 나폴레옹이 이집트를 정복하고 약탈하던 중에 고대 이집트 문명을 해독하는 열쇠가 된 로제타석이 세상에 드러났어요. 그리고 프랑스 언어학자 샹폴리옹이 그 비석을 해석해서 고대 이집트 문자를 해석했지요. 이집트의 역사, 문화 등을 연구하는 이집트학도 프랑스에서 시작되었고요. 나폴레옹이 이집트를 정복하며 함께 데리고 갔던 학자들이 이집트학을 시작한 것이죠.

영국과 프랑스는 이집트학을 발전시켰다는 자부심이 있어요. 잠자고 있던 고대 이집트 문명을 연구해서 세상에 알렸다고 생각하지요. 로제타석을 발굴한 것과 로제타석으로 고대 이집트 문자를 해석한 것을 기념하는 행사도 영국과 프랑스에서 하고 있어요.

1996년 7월, 이집트는 로제타석을 돌려달라고 영국에 공식적으로 요청했어요. 하지만 영국은 절대 로제타석을 돌려주지 않겠다고 해요.

　이집트인들은 말해요. "로제타석을 통해 고대 이집트의 모든 역사와 문화재, 유물이 되살아날 수 있었다. 로제타석은 영국과는 아무런 상관도 없는, 고대 이집트 문명의 상징이다."라고 말이에요. 로제타석은 이집트의 것일까요, 아니면 로제타석을 발견하고 해석한 프랑스의 것일까요, 아니면 지금 로제타석을 가지고 있는 영국의 것일까요?

4장
중국의 문화재는
중국인이 되찾는다
원명원 십이지신 머리 청동상

원명원 십이지신 머리 청동상 중 소, 호랑이, 원숭이, 돼지
(중국 북경보리예술박물관 소장)

원명원 분수를 장식했던 십이지신 머리 청동상으로, 아직 개·뱀·양·닭 머리 청동상은 찾지 못했습니다.

원명원의
원숭이, 소 머리 청동상이 나타나다

"이건 말도 안 돼. 우리 10억 중국 국민을 무시하는 거라고."

"중국이 당한 치욕을 다시 떠올리게 하다니…."

"이런 짓은 강도나 하는 짓이야."

중국인들은 분노했어요. 원명원의 문화재가 경매에서 팔릴 거라는 소식이 전해졌기 때문이에요.

원명원(圓明園)은 자금성과 함께, 중국을 대표하는 궁전이었어요. 세계에서 가장 크고 화려한 궁전이었지요. 영국과 프랑스에 약탈당하기 전까지는요. 두 나라는 원명원을 채운, 헤아릴 수 없이 많은 문화재와 보물을 닥치는 대로 훔친 것도 부족해서 원명원에 불을 지르기까지 했어요.

중국인들은 불타고 부서진 원명원을 볼 때마다 가슴이 쓰라렸어요.

조상이 그토록 강력한 중국을 물려줬는데 유럽의 몇몇 나라에 굴복한 역사가 가슴에 사무쳤지요. 원명원은 중국이 겪은 고통을 상징했어요.

그런데 그곳에서 약탈당한 문화재가 중국의 일부인 홍콩에서 공개적으로 팔린다니, 중국인은 충격을 받을 수밖에 없었어요. 당장 홍콩을 중심으로 반대 시위가 들끓었어요. 중국의 국가문물국(문화재를 담당하는 관청)은 두 경매회사에 경매를 중단하라고 요구했어요. 원명원의 문화재는 전쟁 중에 약탈당한 중국의 소중한 국보라고 항의했지요.

하지만 2000년 4월 30일, 크리스티나 경매장은 원명원에서 약탈당한 원숭이와 소 머리 청동상을 경매에 내놓았어요. 원명원을 장식했던 십이지신의 머리 청동상 중 2점이었어요. 경매가 시작되자 중국인과 다른 한 사람이 치열하게 경쟁했어요. 결국 중국인이 높은 가격으로 원숭이와 소 머리 청동상을 낙찰받았지요. 이 사람은 중국 보리 그룹의 사업가였어요. 많은 사람의 관심이 집중된 경매라, 그 중국인에게도 관심이 쏠렸어요. 그에게 이렇게 비싼 원명원의 문화재를 산 이유를 묻자, 그는 이렇게 대답했지요.

"제가 경매에 참여한 이유는 이 두 문화재가 중국의 민족적 정서와 연결되어있고 중국인들에게 지난날의 상처를 상기시켜 주기 때문입니다. 중국의 국보가 중국 밖으로 흘러나가지 않도록 막기 위해서지요."

크리스티나 경매 이틀 뒤인 5월 2일, 이번엔 소더비 경매에서 호랑이 머리 청동상이 경매에 나왔어요. 호랑이 머리 청동상은 크리스티나 경매

에 나왔던 원숭이, 소 머리 청동상과 같은 십이지신 머리 청동상 중 하나였어요.

호랑이 머리 청동상 역시, 크리스티나 경매에서 원숭이, 소 머리 청동상을 낙찰받은 보리 그룹이 아주 높은 가격을 불러 샀어요. 보리 그룹은 호랑이 머리 청동상을 낙찰받은 뒤, "경매에 나온 문화재들은 반드시 사들여서 우리 후손에게 남겨야 합니다. 후손들에게 나라의 치욕을 잊지 않게 해야 합니다."고 말했어요.

9년 뒤, 중국인들을 다시 분노하게 한 경매가 있었어요. 2009년 2월 25일, 크리스티 경매에 원명원의 십이지신 머리 청동상이 나온 거예요. 이 경매는 세계적인 디자이너 이브 생로랑이 모은 수집품을 경매하는 자리였는데, 수집품 중에 원명원의 쥐와 토끼 머리 청동상이 포함되어있었지요.

중국은 "약탈한 문화재를 경매로 파는 비상식적인 행동이 중국인의 문화적 권리와 민족 감정을 다치게 했다. 이번 경매는, 유출된 문화재를 원래 소유국에 돌려줘야 한다는 국제사회의 공통된 의식에도 어긋난다."고 비난했어요. 중국 변호사들은 프랑스 법원에 경매를 중단시켜달라는 소송을 제기했어요. 하지만 프랑스 법원은 그 소송을 기각했어요.

중국인들의 요구에도 예정대로 2월 25일 원명원의 쥐, 토끼 머리 청동상이 경매에 나왔어요. 그리고 단 10분 만에 팔렸어요. 청동상을 낙찰받은 사람은 경매장에 나오지는 않았지만, 전화로 두 문화재를 약 623억

원이나 되는 높은 가격에 샀어요.

며칠 뒤, 쥐, 토끼 머리 청동상을 낙찰받은 사람이 누군지 밝혀졌어요. 그는 차이밍차오라는 중국인이었어요. 그런데 그는 크리스티나 경매회사에 돈을 내지 않겠다고 했어요. 경매에서는 어떤 물건을 제일 높은 가격으로 사겠다고 하는 사람이 낙찰을 받아요. 그 뒤에 낙찰받은 사람은 자기가 그 물건을 사겠다고 말한 만큼 돈을 내야 하지요. 그런데 차이밍차오는 쥐, 토끼 머리 청동상의 가격을 내지 않겠다는 거였어요. 그는 자기가 왜 돈을 내지 않는지 설명했어요.

"중국의 문화재가 다른 나라에 넘어가는 것을 막기 위해 경매에 참여했습니다. 하지만 크리스티 경매에 돈을 내지는 않을 겁니다. 약탈당한 우리의 문화재를 돈을 주고 사고파는 것은 말이 안 되기 때문입니다."

차이밍차오는 일부러 경매를 방해해서 원명원의 쥐, 토끼 머리 청동상이 팔리는 것을 막은 거예요. 하지만 두 청동상은 경매에서 차이밍차오 다음으로 높은 가격에 사겠다던 사람에게 다시 팔렸어요. 누가 그 청동상들을 샀는지는 밝혀지지 않았지요. 그런데 2013년 4월 프랑스 PPR 그룹의 회장이 중국에 쥐, 토끼 머리 청동상을 기증했어요.

세계에서 가장 아름다운 궁전, 원명원

중국인을 충격과 분노에 빠뜨렸던 십이지신 머리 청동상들이 원래 있던 원명원은 중국 황제들이 여름과 가을에 더위를 피해 살았던 궁전이에요. 세계에서 가장 아름다운 정원이기도 하지요. 수천 년간 중국의 수도였던 북경에 있어요. 원명원은 1709년 중국 청나라 때 4대 황제인 강희제가 넷째아들 윤진에게 선물한 별장이에요. 나중에 윤진이 5대 황제 옹정제가 되자, 1725년에 황제가 머물 궁전으로 바뀌었어요. 6대 황제 건륭제는 원래 있던 원명원에 서양 건축양식을 더해서 다시 꾸미고, 장춘원과 기춘원을 새로 지었어요.

원명원은 오랫동안 아시아는 물론 유럽에 이르기까지 거대한 대륙을 지배하며 높은 문화를 이룩한 중국의 모든 솜씨가 집약된 곳이에요. 중

현재 원명원 일부 모습

국의 전통양식과 서양의 건축양식이 조화롭게 어우러졌지요.

  황제들은 화원(화가)들을 중국에서 가장 아름다운 곳을 찾아다니게 했어요. 화원들이 아름다운 장소를 그려오면, 원명원 안에 그림 그대로 옮겨 만들었지요. 중국에는 "동쪽 바다에 봉래, 방장, 영주라는 산이 있는데, 그 산에 사는 신선은 불로초를 먹어서 늙지 않고 영원히 산다."는 전설이 있어요. 진시황과 한 무제가 이 전설을 듣고 신하들에게 불로초를 구해오라고 명령한 일은 유명하지요. 원명원에도 푸하이(복해) 호수 안에 방장, 봉래, 영주라는 3개 섬을 만들었어요.

원명원의 넓이는 약 3.2㎢로 여의도보다 더 넓어요. 건축물이 1,000여 개가 있는데, 건축물마다 서로 다른 주제를 중심으로 만들었어요. 100여 개의 정원도 각각, 중심 주제를 다르게 해서 꾸몄기 때문에 같은 모습의 정원이 하나도 없었어요. 250여 개의 산과 호수, 폭포로 정원들을 꾸몄는데, 정원들은 물길로 서로 이어져서, 마치 작은 강처럼 보였지요.

서양식 정원으로 유명한 서양루는 분수가 특징이었지요. 서양루에 있던 해안당이란 건축물 앞에는 큰 분수가 있었어요. 청동으로 만든 십이지신상이 八자 모양으로 서있었지요. 앞의 이야기에서 경매에 나온 청동상들이 바로 이 십이지신상의 일부예요. 십이지신상은 매 시각 순서대로 물을 뿜었어요. 자시에는 쥐 청동상이 물을 뿜고, 축시에는 소 청동상이 물을 뿜었지요. 정오에는 12개가 한꺼번에 물을 뿜었어요. 시간을 알려주는 일종의 분수시계였지요.

원명원은 궁전 자체로도 거대하고 아름답지만, 원명원에 보관되었던 문화재도 어마어마했어요. 황제 5명이 150년 동안 머물며 정치를 한 곳이니만큼, 원명원에는 황실의 중요한 책과 서류를 모아둔 장서각을 비롯해서 세계에서 모은 귀하고 화려한 문화재가 가득했지요.

십이지신

사람의 띠를 나타내기도 하고, 궁전이나 묘 등의 건축물을 장식하기도 해요. 십이지신은 불교에서 땅을 지키는 신이에요. 몸은 사람이고 머리는 열두 동물의 모습이지요. 열두 동물은 자(쥐), 축(소), 인(호랑이), 묘(토끼), 진(용), 사(뱀), 오(말), 미(양), 신(원숭이), 유(닭), 술(개), 해(돼지)예요.

십이지신은 시간과 방향을 나누어 맡았다고 해요. 요즘은 하루를 1시, 2시… 24시로, 24시각으로 나누지만, 예전에는 12시각으로 나눴지요. 자시, 축시…처럼요. 자시는 오후 11시~오전 1시, 축시는 오전 1~3시, 인시는 오전 3시~5시, 묘시는 오전 5시~7시, 진시는 오전 7시~9시, 사시는 오전 9시~11시, 오시는 오전 11시~오후 1시, 미시는 오후 1시~3시, 신시는 오후 3시~5시, 유시는 오후 5시~7시, 술시는 오후 7시~9시, 해시는 오후 9시~11시예요.

그리고 지금은 방향을 360°(도) 나누지만, 예전에는 12방향으로 나누었어요. 시간처럼 십이지신으로, 12방향으로 나눴지요.

여름 궁전에 침입한
두 도둑

『레 미제라블』을 쓴 프랑스의 빅토르 위고는 "어느 여름날, 강도 두 명이 여름 궁전에 침입했다. 한 명이 물건을 쓸어 담는 동안 한 명은 불을 질렀다. 승리자란 원래부터가 강도로 변하기 마련이다. 승리자는 여

름 궁전의 보물을 모조리 훑어서 훔친 물건을 나눠 가졌다."라고 분개했어요.

빅토르 위고가 '여름 궁전'이라 말한 곳이 바로, 원명원이에요.

1857년 12월, 영국과 프랑스는 중국을 상대로 제2차 아편전쟁*을 일으켰어요. 중국을 공격한 이유는 '애로호 사건' 때문이었어요. 1856년 10월 8일 광저우에 애로호라는 배가 정박해있었어요. 애로호는 소금을 밀수하는 배였어요. 중국 관리가 애로호에 타서 단속하다가, 애로호가 하는 밀수를 알게 되지요. 그래서 관리는 선원 12명을 잡아가고, 배에 걸렸던 영국기를 내렸어요. 그랬더니 영국은 중국 관리가 함부로 영국기를 내려서 모욕을 준 것을 사과하고, 선원들도 돌려보내라고 했지요. 하지만 중국 관리는 애로호의 선장은 영국인이지만 배의 주인은 중국인이니 그 배에 대해서 영국이 간섭할 권리가 없다고 말했어요. 또 애로호에

는 처음부터 영국기가 걸려 있지도 않았다고 말했지요. 얼마 뒤 중국 관리는 선원들을 영국 대사관에 보내줬어요. 하지만 영국 대사관은 선원들을 받아들이지 않더니, 다음날 영국군이 갑자기 광저우를 공격했어요.

영국은 프랑스에 같이 중국과 전쟁을 하자고 설득했어요. 1856년 불법으로 포교하던 프랑스 선교사가 중국에서 처형되었는데, 프랑스도 이 일을 핑계로 중국에 선전포고를 했지요.

중국은 신식 무기로 무장한 영국, 프랑스 군대를 이길 수 없었어요. 결국 중국은 영국과 프랑스가 원하는 대로 해줄 수밖에 없었지요. 그런데 영국과 프랑스는 중국의 수도인 북경에서 중국과 조약을 맺고 싶었어요. 하지만 중국은 황제가 사는 수도에 외국 군대가 들어오는 것을 반대했지요. 그러자 영국과 프랑스는 이 일을 핑계로 다시 군대를 이끌고 북경까지 쳐들어 왔어요. 1860년 10월 북경은 영국, 프랑스 군대에 함락되고 중국의 황제는 멀리 피난을 가야 했어요.

영국, 프랑스 군대는 수천 년 동안 중국의 수도였던 북경을 노리고 있었어요. 귀한 문화재와 값비싼 보물이 가득한 궁궐이 있으니까요. 이렇게 황제의 여름 궁전인 원명원과 정식 궁전인 자금성이 약탈당했지요.

두 나라의 군대는 "중국을 벌주기 위해 원명원을 불태우겠다."고 발표했어요. 불을 지르기 전에, 영국과 프랑스 군인들은 다투어 원명원으로 달려갔어요. 군인들은 "원명원에 있는 모든 것을 마음껏 약탈하라."는 허락을 받은 거였어요. 과연 원명원에는 들어본 적도, 본 적도 없는 엄청난 문화재와 보물이 가득했어요. 군사들은 약탈할 수 있는 것은 닥치는 대로 자루에 담고 나머지는 부숴버렸어요. 약탈이 끝나자 원명원에 불을 질렀어요. 원명원에 불을 지른 병사조차 "인류는 이런 건물을 다시는 짓지 못할 것이다."라고 말할 만큼 원명원은 거대하고 아름다운 곳이었어요. 하지만 사흘 동안 불에 타버린 원명원은 잿더미로 변했지요.

> 용어 풀이

아편전쟁(중·영전쟁)

영국은 중국에서 차, 도자기, 비단을 수입했어요. 영국을 비롯한 유럽에서는 중국의 차가 엄청난 인기였지요. 그런데 중국은 영국의 물건을 별로 사지 않았어요. 별로 소용이 없었거든요. 그러니 영국은 중국과의 무역에서 손해가 컸어요. 그러자 영국은 중국 정부 몰래, 영국의 식민지였던 인도에서 재배한 아편(마약)을 중국인들에게 팔았어요. 중국인 약 500만 명이 아편에 중독되어 건강을 잃고, 중국은 손해가 이만저만이 아니었지요. 그래서 중국 관리가 아편을 파는 영국 상인에게 아편을 빼앗아서 불태웠어요. 그러자 영국은 이 일을 핑계로 중국을 공격했어요. 이 전쟁을 아편전쟁 혹은 중·영전쟁이라 해요. 중국은 이 전쟁에 져서, 홍콩(1842년에 영국 땅이 된 홍콩은 1997년 중국이 돌려받았어요.)을 영국에게 빼앗기고, 영국은 중국에서 마음대로 아편을 팔 수 있게 되었어요.

그런데도 영국은 만족하지 않았어요. 그래서 애로호 사건을 핑계로 다시 중국을 공격하지요. 애로호가 중국인의 배였기 때문에 영국은 아무 권리가 없었어요. 하지만 영국은 막무가내였어요. 중국과 전쟁을 벌여 중국으로부터 더 많은 문화재와 돈을 빼앗으려던 거였지요. 중국은 2차 중·영전쟁으로 홍콩 주변의 구룡반도까지 영국에 빼앗기고, 영국·프랑스·미국·러시아 등의 사람들이 마음대로 중국을 여행하고 선교 활동도 할 수 있게 되었어요. 중국은 영국과의 전쟁 이후부터 유럽의 여러 나라·미국·러시아 등의 침입을 받았고, 수많은 문화재와 보물뿐 아니라 영토까지 잃었어요.

약탈당한 문화재를 돌려받으려는
중국의 노력

　원명원은 약탈당하고 불에 타 폐허가 되었어요. 원명원을 가득 채웠던 문화재와 보물은 세계로 흩어졌지요. 약탈자들은 서양루 분수대에 있던 청동 십이지신상을 머리만 잘라서 가져갔어요. 원래 십이지신 청동상은 머리는 동물 모습이고 몸은 사람 모습이었지요.

　크리스티, 소더비 경매에 나온 원숭이, 소, 쥐, 토끼 머리 청동상은 중국으로 되돌아갔어요. 돼지, 말 머리 청동상은 중국인 사업가가 아주 비싼 가격에 사서 중국에 기증했지요. 말 머리 청동상은 십이지신 청동상 중에 가장 아름다워요. 원래 12지신 청동상은 건륭제가 할아버지인 강희제를 위해 만든 것인데, 강희제가 말띠라서 말 청동상은 특별히 이탈리아 출신의 화가에게 설계하게 했어요.

원명원 40풍경 중 근정친현(勤政親賢)

 원명원의 십이지신 분수상 중에 용, 뱀, 양, 닭, 개 머리 청동상은 어디에 있는지도 알 수 없어요. 원명원을 약탈한 영국, 프랑스 군인 중에 누가 십이지신 머리 청동상을 약탈했는지 알 수 없으니까요. 영국군은 원명원에서 약탈한 중국의 문화재와 보물 중 일부는 빅토리아 여왕에게 바쳤어요. 그 약탈물들은 대영박물관 아시아미술관에 전시되어있어요. 거대한 아시아미술관에 전시된 문화재는 대부분이 중국 문화재예요. 2만여 점이나 되는 데다가 그 대부분이 중국의 국보급 문화재예요. 중국을 대표하는 화가, 고개지의 「여사잠도」도 있어요.

프랑스군이 약탈해서 나폴레옹 3세에게 바친 문화재도 1만여 점이 넘어요. 프랑스군이 약탈한 원명원의 문화재와 보물은 대부분 프랑스 퐁텐블로박물관이 가지고 있어요. 원명원의 모습을 알 수 있는 가장 귀한 자료인 「원명원 40풍경과 시가」는 프랑스국립도서관에 있어요. 「원명원 40풍경과 시가」은 중국의 궁정화원 심원과 당대가 11년 동안 원명원의 모습을 그린 풍경화예요. 「시가」는 이 풍경화를 보고 건륭제가 지은 40수의 시예요. 그림과 시가 어우러진 중국 최고의 문화재지요.

원명원 십이지신 머리 청동상의 일부는 중국으로 되돌아갔지만 약탈당한 중국의 문화재는 셀 수도 없이 많아요. 중국은 그리스, 이집트와 함께 가장 많은 문화재를 약탈당한 나라예요. 그동안 중국은 약탈당한 문화재에 대해 별다른 반응을 보이지 않았어요. 하지만 중국은 1996년 사법통일국제협회의 '도난 혹은 불법 수출 문물에 관한 공약'에 서명하면서, "중국은 불법으로 약탈당한 문화재를 추적하여 찾아올 권리가 있다."고 선언했지요. 그리고 적극적으로 유출된 문화재를 찾고 있지요. 약탈당한 중국 문화재를 추적하는 '문화재 사냥꾼'을 조직했어요. 그들은 전 세계에 흩어진 중국의 문화재가 어디에, 누가 가졌는지, 어떻게 해서 그곳에 있는지를 조사해요. 유출된 문화재를 돈을 주고 사서 되찾기 위해 '중화기금회'도 설립했어요. 크리스티 경매에서 쥐, 토끼 머리 청동상이 팔리지 않도록 경매를 방해했던 차이밍차오는 중화기금회에 속한 사람이에요. 중국 정부뿐 아니라 중국 국민도 유출된 중국 문화재를 사서 중국에 돌려보내는 데 열심이에요.

중국은 부서지고 불에 타 폐허가 된 원명원을 그대로 두고 있어요. 중국이 다른 나라에 당한 치욕스런 역사를 기억하기 위해서예요. 중국인들이 역사를 기억하는 한, 중국의 유출 문화재는 하나둘 중국으로 되돌아갈 수 있을 거예요.

5장
빼앗은 프랑스에는 진품,
빼앗긴 이탈리아에는 복제본
가나의 혼인 잔치

가나의 혼인 잔치(루브르박물관 소장)

이 작품은 예수가 가나의 혼인 잔치에서 포도주가 떨어지자 기적을 일으켜 술통을 다시 가득 채운 일을 베로네세(Paolo Veronese, 1528~1588)가 그린 것입니다.
(캔버스 유채, 가로 994cm, 세로 677cm)

베로네세에게
그림을 의뢰하다

산 조르조 마조레 성당은 이탈리아 베네치아(베니스)에 있는 성당이에요. 같은 이름의 산 조르조 마조레섬에 있지요. 산 조르조 마조레 성당은 이탈리아를 대표하는 세계적인 건축가 안드레아 팔라디오가 설계한 아름다운 성당이에요. 팔라디오는 성당 안이 빛으로 가득 차게 설계했어요.

산 조르조 마조레 성당 수도사들은 성당 안을 어떤 그림들로 장식할지 고민했어요. 성경 속 이야기를 표현한 그림이 좋을 것 같았어요. 그림은 당시에 가장 유명한 화가들에게 의뢰했지요. 수도사들의 식당에 걸 그림은 특별히 신경을 썼어요.

"수도사의 식당에는 어떤 주제로 그린 그림이 좋을까요?"

현재 이탈리아 지도

"식당이니만큼 잔치를 여는 장면을 그리는 것이 어떨까요?"

"그럼, 예수님이 행하신 첫 번째 기적인 '가나의 혼인 잔치'를 그리는 것이 좋겠습니다."

"아, 참 적합한 내용입니다. 그리고 빛을 중요하게 생각한 성당의 설계에 맞는 화가가 그려야겠지요?"

"그런 화가는 베로네세가 적격입니다. 화려한 색채와 빛의 효과를 가장 잘 표현하는 화가니까요."

산 조르조 마조레 성당은 파올로 베로네세에게 그림을 주문했어요.

"성경 요한복음 2장에 나오는 '가나의 혼인 잔치'를 그려주시오. 그림은 우리 성당의 식당에 걸 겁니다. 그림 크기는 가로가 7m, 세로가 10m를 넘기면 안 된다오. 참, 그림에 등장할 인물 수는 130명 정도로 그려주시오."

성당의 주문을 받고 베로네세는 커다란 캔버스를 앞에 두고 깊은 생각에 잠겼어요. 성당의 전체 분위기에 맞는 그림을 그려야 했는데, 성당 건물은 아직 지어지지도 않은 상태였지요.

'어둡고 무거운 색보다는 화려하고 색의 대비가 잘 드러나는 그림이 좋겠지. 빛을 받으면 더 활기차게 보일 그림 말이야.'

베로네세는 그림의 분위기를 결정했어요. 그런데 하나 더 고민할 것이 있었어요. 성당에서 주문한 '가나의 혼인 잔치'는 이미 훌륭한 화가들이 그림으로 많이 그렸다는 거예요. 게다가 산 조르조 마조레 성당 안에는 여러 그림이 걸릴 거였어요. 틴토레토의「최후의 만찬」을 비롯해서 당시 가장 유명한 화가들이 그린 종교화가 걸릴 예정이에요. 베로네세는 다른 화가들이 그린 그림과는 다른 그림을 그리고 싶었어요.

'가나의 혼인 잔치를 소재로 그린 그림은 많아. 엄숙하고 성스러운 분위기의 그림들이지. 그런데 나까지 비슷하게 그릴 필요는 없잖아? 난 나만의「가나의 혼인 잔치」를 그려야지.'

베로네세는 캔버스를 앞두고 깊이 숨을 들이셨어요. 그리고 마음을 굳힌 듯 망설임 없이 캔버스를 채워나갔어요.

어느덧 열다섯 달이 지났어요.

"완성했다."

베로네세는 붓을 내려놓았어요. 그리고 뒤로 물러나 자신이 그린 거대한 그림을 보았어요. 더 손을 댈 곳이 없는 그림이었지요. 그림이 완성되었다는 소식을 듣고 산 조르조 마조레 성당에서 그림을 찾아갔어요. 그림이 워낙 커서 여러 사람이 함께 옮겨야 했지요.

조심스럽게 수도사의 식당에 그림이 걸렸어요. 수도사들은 기대에 차서 그림을 올려보았어요. 다른 종교화와 달리, 오래전 이스라엘에서 있었던 결혼식이 시대를 거슬러 베네치아에서 벌어지는 결혼 잔치인 듯 활기차게 표현되어있었어요.

"훌륭한 그림입니다. 역시 베로네세예요."

"이 그림은 우리 성당의 자랑거리가 될 겁니다."

수도사들은 그림을 보며 다들 감탄했어요.

「가나의 혼인 잔치」를 보러 수많은 사람이 산 조르조 마조레 성당을 찾았어요. 성당을 찾아오는 사람이 너무 많아서 성당의 본래 목적인 미사를 보고, 수도사가 수도하는 것이 불편할 지경이었어요. 하는 수없이 성당에서는 하루에 성당 안으로 들어올 수 있는 사람의 수를 제한해야 했지요. 수도사들의 예상대로 베로네세가 그린 「가나의 혼인 잔치」는 산 조르조 마조레 성당의 자랑거리가 되었어요.

「가나의 혼인 잔치」를 욕심낸
나폴레옹

「가나의 혼인 잔치」를 본 사람은 모두 그림에 감탄했어요. 소문은 멀리 유럽 전체에 퍼졌어요. 왕, 귀족, 부유한 사람들은 베로네세의 「가나의 혼인 잔치」를 가지고 싶어 했어요. 그래서 「가나의 혼인 잔치」를 따라서 그린 그림, 작게 줄여서 그린 그림이 유행했지요. 하지만 베로네세의 「가나의 혼인 잔치」는 산 조르조 마조레 성당에 있는 단 한 점뿐이었어요.

베로네세 외에도 이탈리아의 화가들이 그린 그림, 특히 베네치아 화가가 그린 그림은 '베네치아 화풍'이라고 불리며 유럽에서 가장 수준 높은 그림으로 인정받았어요. 누구나 베네치아 화가들이 그린 그림을 소장하고 싶어 했지요. 그림을 보려고 이탈리아, 베네치아를 찾아오는 사람도 많았어요. 그림 한 점을 보기 위해 수백 km를 갔지요. 산 조르조 마조레 성당에 걸린 「가나의 혼인 잔치」를 보러 오는 사람도 끊이지 않았지요.

이렇게 230여 년이 지난 1796년, 프랑스의 나폴레옹이 이탈리아를 침략했어요. 나폴레옹은 이탈리아에 들어서자마자 각종 문화재, 예술품을 약탈했어요. 이탈리아에는 워낙 뛰어나고 유명한 문화재가 많았기에, 나폴레옹 군대는 체계적으로 문화재를 약탈하려고 미리 약탈할 문화재의 목록까지 만들었어요. 그 목록의 가장 윗줄에 적힌 작품이 바로 베로네세의 「가나의 혼인 잔치」였어요.

1797년 나폴레옹의 군대가 산 조르조 마조레 성당에 들이닥쳤어요. 수도사들은 어쩔 줄 몰랐지요. 군인들은 성당에 걸린 훌륭한 그림들을 다 지나쳐서 곧장 수도사의 식당으로 향했어요. 「가나의 혼인 잔치」가 목적이었지요. 군인 서너 명이 달려들어 「가나의 혼인 잔치」를 힘겹게 벽에서 내렸어요. 하지만 그림이 워낙 크고 무거워서 운반하기 어려웠어요.

군인 중 한 명이 들고 있던 칼로 「가나의 혼인 잔치」를 반으로 잘랐어요. 235년 동안 성당의 자랑거리였던 「가나의 혼인 잔치」가 칼로 잘리는 모습을 보며 수도사들은 슬픔이 복받쳤어요.

한편 프랑스인들은 그토록 유명한 베로네세의 「가나의 혼인 잔치」가 프랑스의 것이 되자 기쁨의 환호성을 질렀어요. 프랑스인들은 나폴레옹이 전쟁을 통해 다른 나라에서 약탈한 문화재를 자랑스러워했어요. 예술

의 나라, 베네치아 공화국에서 약탈한 문화재들이 프랑스에 도착한 날은 프랑스인이 모두 거리로 나와 잔치를 벌일 정도였지요. '세계에서 가장 강력한 나라 프랑스, 세계에서 가장 훌륭한 문화재와 예술 작품을 가진 나라 프랑스' 프랑스인은 약탈해온 다른 나라의 문화재들에 자부심이 넘쳤지요.

「가나의 혼인 잔치」는 루브르박물관으로 옮겨졌어요. 2쪽으로 잘린 그림은 대대적인 수술을 받아 다시 하나로 이어졌어요. 그림은 루브르박물관을 대표하는 「모나리자」의 맞은편에 걸려서 방문객을 맞았지요. 베네치아를 점령했을 때 사령관이었던 나폴레옹이 프랑스의 황제가 되고, 1810년 오스트리아 공주와 결혼할 때 「가나의 혼인 잔치」로 결혼식장을 장식했어요. 이제 「가나의 혼인 잔치」는 프랑스의 자랑거리가 되었지요.

「가나의 혼인 잔치」는
어떤 그림일까?

「가나의 혼인 잔치」는 베네치아 공화국의 파올로 베로네세가 1563년에 그린 그림이에요. 캔버스에 그린 그림으로는 세계에서 가장 커요. 가로 994cm, 세로 677cm나 되지요.

「가나의 혼인 잔치」는 성경에 나오는 내용(신약성서 요한복음 2장 1~11절)을 그림으로 표현한 종교화예요. 예수와 어머니 마리아, 예수의 제자들이 가나의 한 결혼 잔치에 초대되었어요. 잔치가 계속되면서 손님에게 대접할 포도주가 다 떨어져 버렸지요. 그러자 마리아가 예수에게 포도주를 만들어달라고 요청했어요. 예수가 하인들에게 "항아리에 물을 가득 채우라."고 하자, 항아리를 가득 채운 물이 모두 맛좋은 포도주로 바뀌는 기적이 일어났어요. 이 기적이 예수가 한 첫 번째 기적이라 해서, 종교

베로네세의 「가나의 혼인 잔치」 일부

화로 많이 그려졌어요.

그중에서도 베로네세가 그린 「가나의 혼인 잔치」가 특히 유명해요. 다른 그림들은 경건한 신앙심과 성서 내용을 사실적으로 표현했어요. 그런데 베로네세의 그림은 그릴 당시의 베네치아를 배경으로 결혼식과 예수가 한 첫 번째 기적을 그렸어요. 베로네세는 마치 무대의 한 장면을 연출하듯이 '가나의 결혼식'을 표현했어요. 활기차고 화려한 무대 장치 속에서 연기자들이 연극을 하는 것 같지요. 그래서 그림을 보는 사람들도 함께 잔치에 초대받은 듯이 그림 속 분위기에 빠져들어요. 예수와 함께 잔치에 가서 함께 맛난 음식을 먹고 흥겨운 음악을 듣는 것 같지요.

「가나의 혼인 잔치」 가운데에는 예수와 마리아가 소박한 옷을 입고 앉았어요. 하지만 다른 인물들은 모두 베네치아 상류층이 입을 법한 화려한 의상을 입고 있어요. 머리에 터번을 두른 사람도 있고 동양인의 모습도 보이지요. 베네치아는 예술뿐 아니라 상업이 발달해서 세계 여러 나라 사람들로 북적였으니까요.

베로네세는 그림 앞쪽에 앉은 네 명의 악사를 베네치아 화풍을 대표하는 화가들의 모습으로 넣었어요. 베로네세 자신은 흰옷을 입고 비올라를 연주하지요. 틴토레토는 바이올린, 티치아노는 더블베이스, 바사노가 플루트를 연주하고 있어요. 이렇게 당시에 활약했던 실재 인물을 그림에 그려 넣어서, 그림을 감상하는 사람들이 실제 잔치에 초대된 듯, 친근하게 느끼게 했지요.

하지만 베로네세가 종교의 경건함을 잃은 것은 아니에요. 흥겨운 잔치 분위기와 달리 한가운데 앉은 예수의 모습은 마치, 죽음을 앞두고 제자들과 함께 식사하는 '최후의 만찬'을 떠올리게 해요. 예수 위쪽의 난간에서 하인들이 잔치에 쓸 고기를 자르려고 높이 든 칼이 정확히 예수의 머리 위에 있는 것도 예수의 고난과 희생을 상징하지요.「가나의 혼인 잔치」는 종교의 성스러움과 잔치의 흥겨움, 인간을 중요하게 생각한 베네치아의 분위기가 조화를 이루는 명작이에요.

루브르박물관에 전시된
「가나의 혼인 잔치」

　베네치아는 지금의 이탈리아에 있어요. 그 당시에는 이탈리아가 여러 개의 작은 도시 국가로 나뉘어있었어요. 베네치아 공화국도 그중 하나예요.

　그 무렵 유럽은 엄격하고 딱딱했던 종교 중심의 시대가 지나고 인간의 이성을 중요하게 생각하고 활기찬 인간의 모습을 아름답게 여긴, 인간 중심의 시대로 바뀌고 있었어요. 르네상스의 시작이었지요. 이탈리아는 르네상스 사상이 가장 먼저, 가장 화려하고 성공적으로 꽃을 피우고 있었어요. 미술, 조각, 건축 등 이탈리아의 문화가 유럽 문화를 이끌어가는 시기였지요. 특히 베네치아가 제일 인정받았어요. 산 조르조 마조레 성당을 설계한 안드레아 팔라디오의 방식대로 건물을 짓기가 유행했고, 유럽의 화가들은 베로네세와 틴토레토, 티치아노의 그림을 따라 그리며 그들의 그림을 연구했지요. 하지만 이탈리아, 특히 베네치아의 예술에 열광한 사람들은 이탈리아나 베네치아로 가지 않았어요. 최고의 문화재, 예술 작품들은 루브르박물관에 있으니까요.

프랑스가 이탈리아에서 약탈한 수많은 문화재 중에 특히 그림은 루브르박물관을 대표하는 소장품이 되었어요. 매일 예술가, 화가, 비평가와 지식인, 일반 대중이 루브르를 찾아와 이탈리아의 그림을 보았어요. 특히 베네치아의 그림들은 가장 인기 있었지요.

화가들은 아침 일찍 루브르박물관에 와서, 베로네세의 「가나의 혼인 잔치」, 「성 가족」, 틴토레토의 「자화상」, 티치아노의 「그리스도의 매장」, 「전원합주곡」 등의 작품을 모사(똑같이 따라 그림)했어요. 그 모사한 그림을 사고 싶어 하는 사람들이 줄을 이었지요. 수많은 예술가가 풍부한 색감에 빛이 더해져 화려하고 극적인 느낌이 강했던 베네치아의 그림들의 영향을 받았지요. 제리코, 들라크루아, 마네 등 유명한 화가들이 베네치아의 그림을 모사하며 연구해서 자신만의 그림으로 발전시켰어요. 화가뿐 아니라 독일의 작곡가 멘델스존이 매일 아침 루브르박물관을 찾아와 영감을 얻었고, 에밀 졸라 같은 뛰어난 소설가들의 작품 속에도 루브르에 전시된 베네치아의 그림이 등장하지요.

1815년 나폴레옹이 워털루 전투에서 영국군에 지자, 그동안 나폴레옹에게 침략당하고 수많은 문화재를 약탈당했던 여러 나라는 당장 루브르박물관으로 달려갔어요. 자신들의 문화재를 되찾아가기 위해서였어요. 하지만 자기 나라의 문화재를 되찾으러 루브르박물관에 온 여러 나라의 군대에 총을 쏘며 저항할 만큼 프랑스 국민은 약탈한 문화재를 되돌려주지 않으려 했어요. 그래도 다른 나라들은 자신의 문화재를 되찾아갔지만 유독 베네치아는 약탈당한 문화재를 돌려받지 못했어요. 그 당시 베네치아를 지배했던 오스트리아가 베네치아의 문화재를 프랑스에 넘겨주었기 때문이에요.

특히 루브르박물관의 초대 관장 드농은 베로네세의 「가나의 혼인 잔치」는 절대 돌려주지 않으려고 했어요. 드농은 나폴레옹이 이집트를 침략할 때 동행한 화가로 이집트의 모습을 그림책으로 출간한 적도 있지요. 그는 「가나의 혼인 잔치」가 매우 약한 상태라, 잘못 건드렸다가는 그림이 상할 수도 있다고 주장했지요. 대신 프랑스 화가 브룅의 「시몬의 집

에서의 성찬」이라는 그림을 베네치아에 주었어요. 하지만 이 그림은 베로네세의 「가나의 혼인 잔치」와는 비교하기 어려운 작품이었지요.

오스트리아의 간섭과 루브르의 고집으로 프랑스에 남게 된 「가나의 혼인 잔치」는 그 뒤에도 우여곡절을 많이 겪었어요. 1870년 프랑스와 프로이센(독일의 옛 이름)이 전쟁했을 때도, 제1, 2차 세계대전이 벌어졌을 때도 「가나의 혼인 잔치」를 욕심낸 독일군을 피해서 대형 트럭에 실려 전국을 돌아다니며 숨어 지내야 했지요.

2006년부터 열여덟 달이 걸려 루브르박물관은 초정밀 컴퓨터로 「가나의 혼인 잔치」를 복제했어요. 그 복제품은 산 조르조 마조레에서 주문한 거였어요. 지금은 산 조르조 마조레 성당에는 컴퓨터로 복제한 「가나의 혼인 잔치」가, 루브르박물관에는 진짜 「가나의 혼인 잔치」가 걸려있어요.

6장
영국에 약탈당한
베닌 왕국의 역사
베닌 브론즈

베닌의 상아 「펜던트 마스크」(메트로폴리탄박물관 소장)

고요한 표정으로 응시하는 베닌 왕국 여왕의 초상입니다. 포르투갈 사람을 표현한 두상과 미꾸라지가 왕관을 둘러싸고 있습니다. 오바(베닌의 왕)가 제사를 지낼 때, 가슴이나 허리에 착용했습니다. (나이지리아의 베닌 궁정, 16세기 초, 상아·철·구리로 만듦. 높이 24.5cm, 너비 12.5cm, 두께 6cm)

영국 영사가
베닌 왕국을 욕심내다

　수백 년 전부터 유럽의 나라들은 아프리카와 무역을 했어요. 상아, 노예, 금, 향신료 등을 샀지요. 영국은 아프리카 베닌강 하구에 무역 대표부를 설치하고 무역을 관리하게 했어요.
　무역 대표부에서 일하는 제임스 필립스는 영국 정부가 하는 일이 마음에 들지 않았어요. 영국은 아프리카의 나라들과 평화롭게 무역하려고 했어요. 하지만 필립스는 생각이 달랐어요.
　"세계에서 가장 강한 우리 대영제국이 미개하고 힘없는 아프리카의 나라들과 평등하게 무역을 하다니 그건 말도 안 됩니다."
　필립스가 아프리카와 무역을 하는 영국 상인에게 말했어요.
　"그렇기는 하지요. 영국 정부가 멀리 있어서 이곳의 상황을 너무 모르

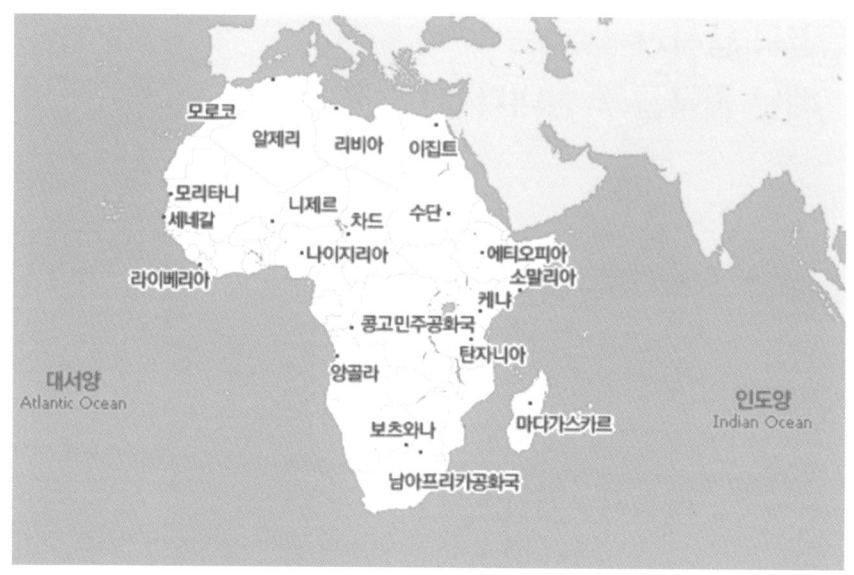

현재 아프리카 대륙에서 나이지리아 위치

네요. 이런 작은 베닌 왕국과 무역을 하는 것보다는 그냥 식민지로 삼는 게 더 이득인데 말입니다."

상인이 맞장구를 쳤어요.

'미개한 베닌 왕국은 쉽게 몰살시킬 수 있어. 그럼 돈을 주고 베닌과 무역을 할 필요도 없이, 베닌의 모든 것은 몽땅 우리 영국 차지가 될 텐데 말이야.'

필립스는 지금의 나이지리아 서쪽 지역에 있는 베닌 왕국을 갖고 싶었어요. 베닌은 청동과 상아, 조각품 등이 많아서 욕심이 났지요. 영국 정부는, 전쟁을 하면 돈이 많이 든다고 베닌 왕국과의 전쟁을 반대했어요. 하지만 1896년 11월, 필립스는 영국 정부에 전쟁을 허락해달라고 요청했어요.

> 베닌 왕국을 정복하도록 허락해주십시오. 영국이 베닌 왕국을 정복하는 데 돈이 들지만, 베닌 왕궁의 창고에 쌓인 상아만 팔아도 전쟁 비용을 다 갚고도 남습니다. 저는 1897년 2월에 베닌 왕국을 침략할 계획입니다. 미리 전쟁에 필요한 무기와 식량을 준비하고 있겠습니다. 꼭 베닌 왕국을 정복하는 전쟁을 허락해주시길 간절히 바랍니다.

필립스는 영국 정부에 요청서를 보내고 곧바로 전쟁을 준비했어요. 자기가 고집을 피워서 하는 전쟁이니만큼 확실하게 이기려고 준비도 철저히 했지요. 그는 영국 정부에서 이곳으로 군대를 보내줘서 본격적으로 전쟁하기 전에 베닌 왕국을 염탐하기로 했어요.

1897년 1월 2일, 필립스는 함께 근무하는 영국 관리 6명과 상인 2명, 통역관 1명과 아프리카 짐꾼 215명을 데리고 베닌 왕국으로 향했어요. 그런데 필립스가 베닌 왕국으로 출발한 다음, 영국 외무부에서 보낸 답장이 무역 대표부에 도착했어요. 외무부는 베닌과의 전쟁은 절대로 안 된다고 했지요. 하지만 이미 필립스와 일행은 무역 대표부를 떠난 뒤였어요.

베닌의 왕, 오바는 필립스 일행이 베닌 왕국으로 오고 있다는 보고를 받았어요. 오바는 필립스에게 사신을 보냈어요.

"명예롭고 신성한 왕, 오바의 말씀을 전하러 왔습니다. 저희 베닌 왕국을 방문해주시는 것은 영광입니다. 하지만 지금 우리 나라에서는 신성한 종교의식을 하고 있습니다. 그러니 조금만 기다렸다가 다시 와주십시오."

베닌 사신의 말을 듣고 필립스는 코웃음을 쳤어요.

"그런 미개한 종교의식 때문에 나더러 기다리라는 거요? 말도 안 되는 소리 말고 얼른 꺼지시오."

필립스는 어차피 베닌 왕국과 사이좋게 지낼 생각이 없었기 때문에 사신에게 창피를 주어 쫓아 보냈어요.

오바는 필립스를 만나고 온 사신의 말을 들었어요. 화가 치밀었어요. 하지만 평화를 위해 참았어요. 그리고 다시 한 번 필립스에게 사신을 보냈어요. 이번엔 사신을 여러 명 보냈지요.

베닌의 사신들은 한결같이 필립스에게 오바의 종교의식이 베닌 왕국 국민에게 얼마나 중요한 일인지를 설명했어요. 그러니 조금만 기다렸다가 베닌 왕국을 방문해달라고 간청했지요. 하지만 필립스는 여전히 무례하게 사신들을 내쫓았어요.

"당신네 종교는 우상숭배야. 죄악이라고. 내가 왜 그런 미개한 짓 때문에 시간을 허비해야 하냔 말이야."

필립스는 사신들을 조롱했어요. 그러고는 오바에게 보내는 선물이라며 자기의 지휘봉을 주었어요. 지휘봉을 보내는 건, 자기가 오바보다 더 높은 사람이고 오바는 자기의 명령을 받아야 한다는 뜻이었어요.

베닌의 사신들은 필립스의 행동에 분노했지만, 당장은 참고 베닌 왕궁으로 되돌아갔어요.

사신들에게 보고를 받고 오바는 깊게 생각했어요. 그러고는 결심을 굳힌 듯 긴 숨을 내쉬었어요.

"그들은 나를 무시하는 것이 아니라, 우리의 신과 베닌 왕국의 모든 백성을 무시하고 있다. 그들은 애초에 우리와 평화롭게 지낼 생각이 없다. 우리는 우리의 명예와 신을 지켜야 한다."

곧 베닌의 정예부대가 꾸려졌어요. 1월 4일 그들은 필립스 일행이 지나갈 숲에 숨어서 기다렸어요. 얼마 지나지 않아 필립스 일행의 모습이 보였어요. 베닌의 군사들은 고함을 지르며 나무 뒤에서 달려 나왔어요. 커다란 칼과 창을 마구 휘둘렀지요. 갑자기 기습을 받은 필립스 일행은 손쓸 사이도 없이 쓰러졌어요. 영국인 2명만 겨우 목숨을 구해 달아날 수 있었어요.

이 소식은 곧바로 영국에 전해졌어요. 영국은 난리가 났어요. 대영제국의 관리가 한낱 미개한 아프리카인들에게 목숨을 잃었다며 흥분했지요. 곧바로 필립스 일행의 복수를 위해 베닌 왕국을 몰살시킬 군대가 꾸려졌어요. 해군 1,200명과 로손 제독이 베닌 왕국으로 향했어요. 로손 제독은 무자비하기로 악명이 높았어요.

베닌 왕국도 싸울 준비를 했어요. 질 것이 뻔한 전쟁이었어요. 하지만 베닌 국민은 용기를 냈어요. 대항 한번 제대로 못 하고 나라를 빼앗길 수는 없었지요. 영국 영사 필립스가 베닌 왕국을 정복하겠다는 잘못된 판단을 한 순간부터, 베닌 왕국을 무시한 오만한 행동을 한 그 순간부터 이미, 베닌 왕국의 운명은 결정되었던 거예요.

베닌 왕국이 멸망하다

　베닌의 모든 군사가 용감하게 싸웠지만, 세계에서 가장 강한 영국 해군을 물리치는 것은 무리였어요. 열흘 만에 베닌 왕국은 영국군에게 점령당했어요. 1897년 2월 18일이었지요. 수백 년간 평화롭게 살았던 베닌은 역사 속으로 사라졌어요. 베닌의 군사와 국민이 얼마나 희생되었는지는 알 수도 없었어요.

　그런데 영국은 베닌과의 전쟁은 어쩔 수 없는 일이었다고 주장했어요. 영국인들이 평화롭게 베닌 왕국을 탐사만 하고 있었는데 베닌 군사들이 먼저 공격했다는 거였어요. 그래서 하는 수없이 영국군이 베닌의 군대에 맞서 싸울 수밖에 없었다고요. 또 자기들이 베닌 왕궁에 도착해서 보니, 왕궁 앞에서 사람을 제물로 바치는 잔인한 종교의식이 벌어졌

고, 자신들이 나서서 말린 것뿐이라고도 했어요. 그러면서 영국은 자신들이 잔인하고 미개한 베닌 왕국을 멸망시켰으니, 이제 유럽인은 아프리카를 자유롭고 안전하게 탐험할 수 있게 되었다고 말했어요.

하지만 영국의 주장은 거짓말이었어요. 애초에 필립스는 베닌을 정복할 생각이었고, 로손 제독과 영국 해군도 마찬가지였지요. 그리고 베닌 왕궁 앞에서 잔인한 종교의식이 벌어지고 있었다는 것도 거짓이었어요. 베닌 왕국을 배신하고 영국인에게 베닌 왕국의 비밀을 판 배신자들의 사형을 집행하고 있었을 뿐이었지요.

수백 년 동안 있었던 베닌이란 나라는 영국에 의해 멸망하고, 그들의 역사가 담긴 모든 문화재는 하루아침에 영국으로 실려 갔어요. 영국군은 약 3,000점의 문화재를 약탈했어요. 영국은 베닌의 문화재를 경매에 붙여서 팔았어요. 그 당시에는 피부가 흰 사람은, 피부가 짙은 아프리카 사람을 자신보다 미개하고 열등한 존재라고 생각했어요. 피부색에 따라 사람을 차별하는 시기였지요. 피부색이 짙은 사람과 피부가 흰 자신을 같은 사람이라고 생각하지 않았던 거예요. 그런 시기에 아프리카 베닌의 문화재는 제대로 대접받지 못했어요. 사람들은 호기심으로 경매에 참여해서 싼 가격에 베닌의 문화재를 사갔지요. 베닌의 역사가 담긴 모든 문화재가 한낱 괴상한 물건 취급을 받으며 팔려나갔어요.

베닌 브론즈는
무엇일까

　베닌의 왕, 오바를 멀리 유배 보내고 그 신하들을 모두 죽인 뒤, 영국군은 텅 빈 베닌 왕궁을 마구 약탈했어요. 창고에 쌓인 상아와 보물은 물론 왕궁 벽에 걸린 청동 조각품과 왕국을 장식한 조각품들까지 모두 영국으로 실어갔지요. 이 청동조각품들이 바로 '베닌 브론즈'라 불리는 아프리카 최고의 문화재이자 예술품이에요.

　베닌 왕국은 13세기부터 영국군에게 멸망당한 1897년까지, 나이지리아 서쪽에 있던 나라예요. 왕을 오바라고 불렀는데 오바는 왕국을 다스리는 왕이면서 신을 대신하는 신성한 존재이기도 했어요.

　베닌 왕국은 15세기부터 포르투갈과 무역을 했는데, 주로 청동을 샀어요. 청동으로는 다양한 기념품을 만들었어요. 주로 오바와 오바의 어

다양한 베닌 브론즈

머니의 모습을 조각했지요. 머리 모양 조각품과 얼굴만 본뜬 조각품, 몸 전체를 조각한 조각품 등을 만들었지요. 베닌 왕국에서는 이런 조각을 중요하게 생각해서 왕실만을 위한 제작실도 있었어요.

  왕족의 모습을 조각했을 뿐 아니라, 베닌 왕국에서 있었던 중요한 사건과 의식도 청동으로 된 판에 새겼어요. 베닌은 문자가 없었기 때문에, 나라에서 있었던 중요한 사건을 청동으로 새긴 베닌 브론즈는 역사책의 역할을 했어요. 청동판에 새겨진 베닌의 역사가 차례로 왕궁 벽에 걸렸지요. 오바가 종교의식을 하는 장면, 군사들이 오바를 호위하는 장면, 잔치를 하는 장면, 전쟁을 하는 장면 등이 새겨졌어요. 궁궐의 모습과 오바와 함께 있었던 사람들, 전사, 외국상인, 신하 등이 함께 새겨졌지요. 베닌 브론즈에는 '에베-아메'라고 부르는 나뭇잎도 많이 새겨져 있어요. 에베-아메는 바다의 신을 섬기는 사제들이 의식할 때 사용했던 잎이라고 해요.

  수백 년 동안 제작된 베닌 브론즈는 수천 점이었어요. 그것은 수백 년 동안의 베닌의 역사이기도 했지요. 또한 그 시간 동안 베닌의 예술이 어떻게 변했는지를 보여주는 문화재이기도 해요. 베닌 브론즈는 단지 훌륭한 예술품이 아니라 베닌이란 나라의 역사 기록이고, 성스러운 존재로 추앙받던 오바를 위한 종교 성물인 거예요.

  베닌 왕국은 청동을 다루는 기술이 뛰어났어요. 베닌 브론즈를 만드는 방법은, 밀랍으로 만들려고 하는 조각의 모양을 먼저 만드는 거예요.

그 밀랍 위에 진흙을 발라서 굽고, 다시 밀랍을 떼어버리면 조각의 모양대로 구워진 진흙의 틀만 남아요. 그 진흙 틀 안에 청동을 녹여서 부어요. 청동이 굳으면 진흙을 떼어내요. 그러면 처음에 밀랍으로 만들었던 모양 그대로 청동 조각품이 완성되지요. 지금도 베닌 왕국의 기술이 대대로 전해져서 옛 기술 그대로 청동 조각품을 만드는 장인이 많이 있어요. 나이지리아의 베닌시티에는 브론즈 조각 거리도 있어요.

현대 예술에 영향을 준
베닌 브론즈

유럽 사람들은 처음에는 베닌 브론즈를 괴상한 물건으로 취급했어요. 하지만 예술을 새롭게 표현하고 싶었던 예술가들은 베닌 브론즈에 크게 영향을 받았어요. 유럽에 없는, 아프리카인의 순수하고 자유로운 표현에 감동했지요.

1932년, 프랑스에서 아프리카 예술품 전시회가 열렸어요. 베닌 브론즈도 전시되었어요. 베닌 브론즈를 본 사람들은 베닌 브론즈를 높이 평가했어요. 1935년 미국의 미술관에 전시된 베닌 브론즈 역시 사람들에게 좋은 평을 받았지요. 영국에 약탈당해서 경매에서 싼 가격에 팔렸던 베닌 브론즈는 30년도 채 되지 않아 예술성을 높이 인정받았어요. 아프리카 예술은 수준이 낮다고 생각했던 사람들은 베닌 브론즈를 보고, 아프리카 예술을 다시 평가했지요. 그와 동시에 베닌 브론즈는 세계에서 가장 비싼 조각품이 되었어요.

  베닌 왕국이 있던 나이지리아는 1900년부터 영국의 식민지였다가 1960년 10월 독립했어요. 그 뒤, 나이지리아는 세계에 흩어진 베닌 브론즈를 돌려받으려 노력하고 있어요. 하지만 영국은 베닌 왕국이 필립스 일행을 공격한 대가라며 베닌 브론즈를 돌려주지 않고 있어요. 영국 다음으로 베닌 브론즈를 많이 가진 독일과 미국 등은 베닌 브론즈를 영국 정부에 정당하게 돈을 주고 샀으니, 베닌 브론즈를 돌려줄 필요가 없다고 말하지요.

나이지리아 국립박물관을 처음 열었을 때도, 아프리카의 전체 나라가 참여하는 축제가 열렸을 때도 나이지리아는 세계 여러 나라에게 베닌 브론즈를 돌려달라고 호소했어요. 나중에는 몇 점만이라도 빌려달라고 부탁했지요.

하지만 어느 나라도 베닌 브론즈를 돌려주기는커녕, 빌려주지도 않았어요. 오바의 머리를 조각한 베닌 브론즈 1점이 500만 달러(약 50억 원)나 되는 값비싼 예술품이 되었으니까요. 이렇게 비싼 예술품을 돌려주려는 나라는 어디에도 없었지요.

나이지리아는 두 차례에 걸쳐, 영국으로부터 50점의 베닌 브론즈를 샀어요. 그런데 나이지리아 대통령이 영국에서 구입한 베닌 브론즈를 다시 영국 여왕에게 선물하는 어처구니없는 일이 벌어졌어요. 이 사건을 핑계로, 베닌 브론즈를 가진 영국과 다른 나라들은 나이지리아가 문화재를 보호할 능력이 없다고 주장하고 있어요. 실제로도 영국에서 구입한 베닌 브론즈 중에 남은 것이 거의 없다고 해요. 나이지리아의 부패한 정치인들이 베닌 브론즈를 빼돌린 거예요.

하지만 나이지리아의 부패한 정치인 몇 사람이 베닌 브론즈에 대한 권리와 책임이 있는 것은 아니에요. 베닌 브론즈는 나이지리아 이전의 베닌 왕국의 문화재예요. 다른 나라 사람에겐 값비싸고 뛰어난 예술품일 뿐이지만, 베닌 브론즈는 베닌 왕국이라는 한 나라의 역사가 기록된 유일한 역사책이에요. 베닌이란 왕국이 있었다는 것을 알리는 유일한 문화재이고 기록이지요.

나이지리아는 아프리카의 여러 나라와 함께 유럽의 나라들을 대상으로 문화재 환수 운동을 벌이고 있어요. 하지만 현재까지 나이지리아가 베닌 브론즈를 돌려받는 방법은 엄청난 돈을 주고 사는 방법밖에 없어요.

7장
세계에서 가장 큰 보석이 사라지다
러시아의 호박방

호박방(러시아 예카테리나 궁전에 재현)

프로이센의 프리드리히 빌헬름 1세가 표트르 1세에게 선물한 방입니다. 1941년 제2차 세계대전 당시 러시아를 침략한 독일군이 6톤에 달하는 호박방의 호박을 약탈해 이 방은 빈 채로 남아있었습니다. 2003년 6월 현재 모습으로 다시 만들었습니다.
(사방 14m, 높이 5m의 방, 호박과 꿀벌색 석재 7t)

상트페테르부르크
문화재 피난 작전

 1941년 독일이 러시아를 침략했어요. 아무런 준비 없이 침략을 당한 러시아는 매우 당황했어요. 러시아 상트페테르부르크에서는 문화재를 안전하게 피난시키는 임무를 맡을 팀이 꾸려졌어요. 상트페테르부르크는 200여 년 동안 러시아 제국의 수도였어요. 차르(제정 러시아 때 황제의 칭호)의 여름 궁전과 겨울 궁전, 박물관과 미술관 등이 있는 러시아 문화의 중심지고, 러시아를 대표하는 문화재가 가득했어요.

"정말 신비로운 방이에요."

 안나가 속삭였어요. 언제 독일군이 쳐들어올지도 모르는 다급한 상황이었지만, 호박방에 들어서자 신기하게도 마음이 안정되고 따뜻해졌어요.

예카테리나 궁전

"시간이 없어요. 서둘러요."

테레사가 말했어요.

안나와 테레사, 마리안은 독일군을 피해 예카테리나 궁전의 호박방을 피난시킬 임무를 맡았어요.

"우리 몇 명이 어떻게 이 호박방을 옮긴단 말이에요."

"시간이 없는데 어쩜 좋죠? 독일군이 곧 들이닥칠 텐데…."

그들은 호박방을 둘러보았어요. 벽전체가 호박과 금으로 장식된 호박방을 어떻게 피난시켜야 할지 도무지 방법이 떠오르지 않았어요.

"뭐라도 해야죠. 지금 이곳으로 오고 있는 독일군은 나치 친위부대 중에서 다른 나라의 문화재를 약탈하기로 악명 높은 특수부대라고요."

"하지만 우리가 이 호박방을 옮기는 것은 무리예요. 괜히 잘못 건드렸다가 부서지기라도 하면 어쩌라고요."

"그렇다고 호박방을 그들에게 빼앗길 수도 없잖아요. 이 호박방은 러시아 최고의 보석이라고요."

시간은 자꾸만 지나고, 호박방을 안전하게 피난시켜야 하는 세 사람은 어찌할 바를 모르고 발만 동동 굴렀어요.

호박방은 벽 전체가 아름답게 조각된 호박 타일로 도배된 방이에요. 자칫 잘못 건드렸다가는 호박 타일이 부서져 내릴 수도 있었어요. 이들이 우왕좌왕하는 동안에도 러시아 문화재와 보물을 약탈하려고 독일군은 전속력으로 예카테리나 궁전으로 돌진해오고 있었어요.

"어쩔 수 없어요. 우선 이 방에 있는 장식품 먼저 옮기죠. 호박방은 나중에 생각해보자고요."

테레사가 말했어요.

세 사람은 호박방에 있는 의자와 테이블, 촛대, 조각품 등 옮길 수 있는 것부터 숨겼어요. 하지만 방 전체가 보석인 호박방은 들고 갈 수도, 그렇다고 부숴서 가지고 갈 수도 없었지요.

"이 방법은 어떨까요? 호박방을 벽지로 다시 도배하는 거예요. 궁전의 다른 방처럼 보이도록 말이에요."

"좋아요. 뭐라도 해야죠. 이대로 호박방을 그냥 두고 갈 수는 없어요."

세 사람은 당장 벽지를 구해왔어요. 그리고 호박 타일로 도배된 벽 위에 다시 벽지를 도배했어요.

"이제 그만 우리도 피해야 해요. 곧 독일군이 들이닥칠 거예요."

"이 신비하고 아름다운 호박방을 두고 가야 하다니…."

그들은 눈물을 흘리며 떨어지지 않는 발걸음을 옮겨 예카테리나 궁전 밖으로 피신했어요.

그들이 궁을 나서자마자 독일군 특수부대가 예카테리나 궁전에 들이닥쳤어요. 독일군은 호박방을 찾으려고 혈안이 되었어요. 히틀러가 특별히 호박방은 반드시 독일로 가져오라고 명령했어요. 그만큼 귀중한 보물이니까요.

예카테리나 궁전의 방을 차례로 뒤지던 특수부대원 중에 누군가 외쳤어요.

"찾았습니다. 이 방이 호박방입니다."

벽지로 도배했지만 다른 방처럼 평평한 벽이 아니라, 조각된 호박 타일 위에 도배했기 때문에 벽지가 울퉁불퉁했어요. 급하게 도배를 한 벽은 쉽게 티가 났지요.

호박방을 찾았다는 보고를 받고, 독일 쾨니히스베르크(지금은 러시아의 칼리닌그라드) 박물관 관장 발터 로데가 호박방으로 달려왔어요. 쾨니히스

베르크는 전 세계에서 호박이 가장 많이 생산되는 곳이에요. 로데 관장은 유명한 호박 전문가였지요. 그는 벽지를 뜯어내어 모습이 다 드러난 호박방을 보고 입을 다물 수 없었어요.

"세계에서 가장 큰 보석을 직접 보다니…. 세계에서 이보다 아름다운 방은 없을 거야."

하지만 로데 관장은 감탄만 하고 있을 시간이 없었어요. 호박방 외에도 약탈할 러시아 문화재가 산더미 같았으니까요. 로데 관장의 지휘로, 호박방 벽면의 호박 타일들이 하나둘 떼어졌어요. 호박을 6,000kg이나 사용해서 만든 호박방의 타일을 분해하는 데만 하루하고도 반나절이 걸렸어요. 독일군은 분해한 호박방을 꼼꼼하고 안전하게 포장해서 독일로 실어갔어요.

세계에서 가장 큰 보석,
호박방

상트페테르부르크는 러시아의 표트르 대제가 1703년 만든 도시예요. 러시아의 수도는 모스크바였는데 1713년 수도를 상트페테르부르크로 옮겼어요. 그 뒤 1918년에 수도를 다시 모스크바로 옮기기 전까지, 약 200년간 러시아 제국의 수도였지요.

상트페테르부르크에는 러시아 황제가 사는 여름 궁전과 겨울 궁전이 있어요. 여름 궁전을 예카테리나 궁전이라고도 부르는데 이 궁은 호박방으로 유명했지요.

호박은 송진이 뭉쳐서 굳어진 보석이에요. 송진은 소나무나 전나무의 수액인데 노란색과 오렌지색이 섞인 투명한 보석이지요. 우리나라에선 한복 윗옷의 동정으로 호박을 많이 사용했어요. 유럽에서도 호박으로 장

러시아 지도

신구, 담뱃대 등을 만들고 가구를 장식했어요. 발트해 연안은 투명하고 아름다운 호박이 많이 생산되는 곳이에요. 발트 해에 있는 도시, 쾨니히스베르크는 호박으로 유명한 곳이지요.

쾨니히스베르크는 프로이센의 수도였어요. 프로이센은 1701~1918년까지 독일 북부 지역에 있던 나라로, 여러 나라로 나뉘어있던 독일을 통일했어요. 프로이센의 프리드리히 1세는 왕비를 위해 호박으로 꾸민 호박방을 만들었어요. 금으로 된 판에 아름답게 조각한 호박 타일을 붙여서 방 전체를 도배했지요. 하지만 호박방이 완성되기 전에 프리드리히 1세 부부가 죽었어요. 그러자 1717년 프리드리히 1세의 아들 빌헬름 1세가 러시아의 표트르 황제에게 호박방을 선물했어요. 대신 표트르 1세는 빌헬름 1세에게 러시아의 군대를 보내주었지요.

표트르 황제는 호박방을 수도인 상트페테르부르크의 겨울 궁전인 에르미타쥬궁(지금의 에르미타주박물관)에 꾸몄어요. 그러다 1755년 호박방은 다시 여름 궁전인 예카테리나 궁전으로 옮겨졌어요. 러시아는 호박을 수천 kg이나 더 사용해서 호박방을 다시 꾸몄어요. 세계 8대 불가사의라고 불릴 만큼 아름답고 장엄한 방이었지요. 러시아 사람들은 세계에서 가장 큰 보석인 호박방을 매우 자랑스러워했어요. 호박방은 200여 년 동안 러시아 황제 부부가 명상하는 방으로 사용되었지요.

호박

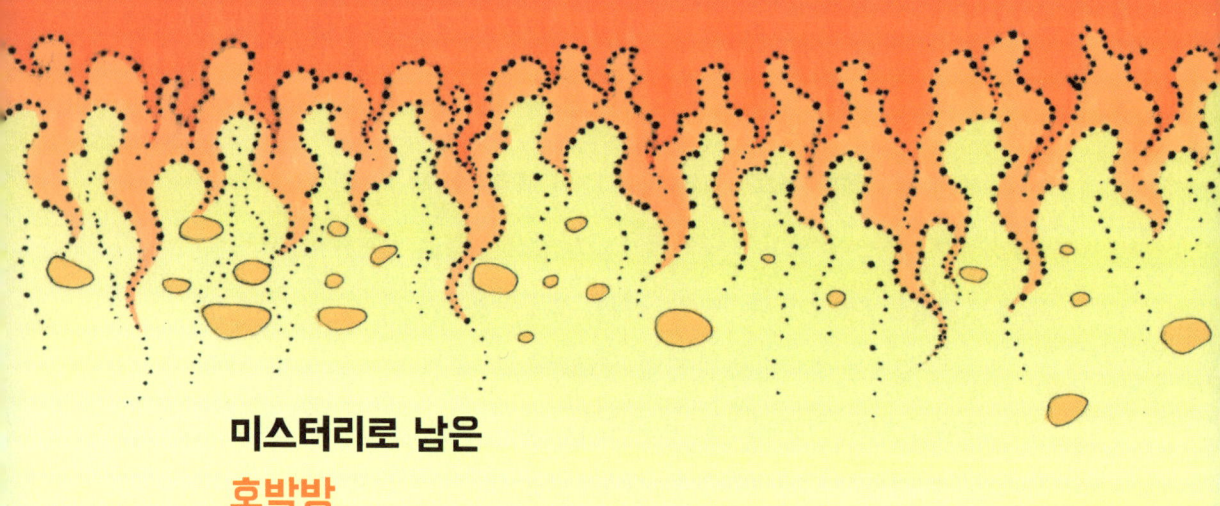

미스터리로 남은
호박방

　프로이센의 빌헬름 1세와 러시아의 표트르 1세가 동맹을 맺었지만, 그 뒤에도 히틀러가 장악한 독일과 러시아는 1939년에 다시 동맹을 맺었어요. 독일과 러시아는 서로 공격하지 않고, 분쟁이 생기면 평화적으로 해결하자고 약속했지요.
　그런데 1941년 독일이 갑자기 러시아로 쳐들어왔어요. 세계를 독차지하려고 제2차 세계대전을 일으킨 독일의 히틀러가 러시아를 그냥 둘 리 없었지요. 갑작스러운 독일의 침략에 러시아는 제대로 싸워보지도 못하고 밀렸어요. 독일군은 물밀 듯이 러시아를 점령하면서 러시아의 문화재와 보물을 약탈하고 파괴했어요. 특히 러시아의 수도이고 문화와 학문의 중심지였던 상트페테르부르크는 히틀러가 다른 나라의 문화재를 약탈하

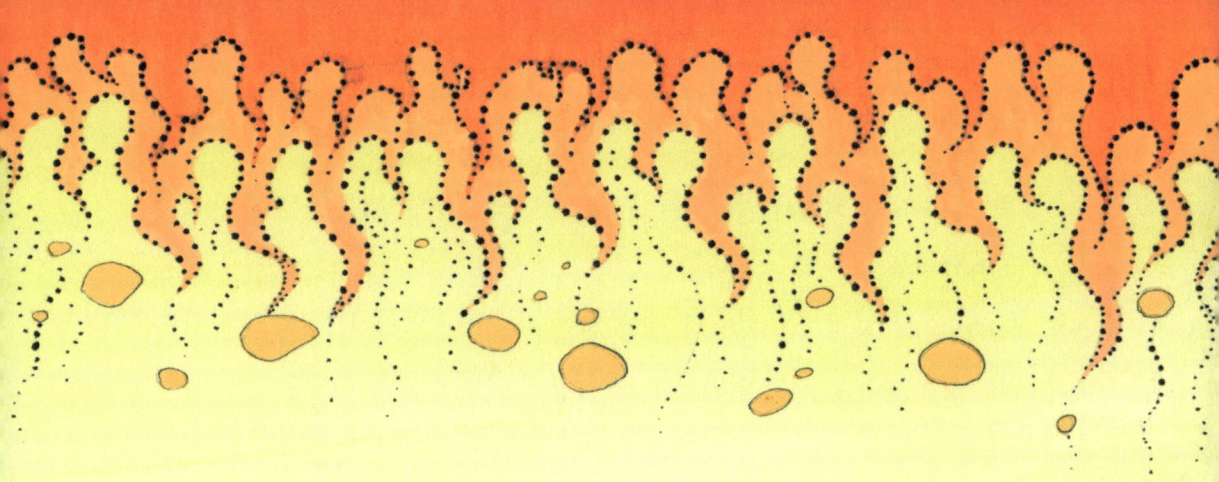

기 위해 만든 특수부대가 쳐들어왔어요. 러시아는 상트페테르부르크에 있던 문화재를 시베리아로 옮겨서 숨기려고 했어요. 하지만 러시아의 자랑이었던 호박방을 피난시키기엔 시간이 부족했어요. 결국 독일군이 호박방을 통째로 뜯어서 호박과 금, 10만 조각을 독일로 가져가 버렸어요.

호박방은 쾨니히스베르크성으로 옮겨졌어요. 그런데 1944년 영국의 공군이 쾨니히스베르크에 대규모 폭격을 했어요. 쾨니히스베르크성은 심하게 파괴되었어요. 그 뒤 1945년에는 러시아가 쾨니히스베르크를 점령했어요. 러시아는 동맹국이었던 독일의 배신을 잊지 않고 있었어요. 러시아군은 영국의 공격으로 이미 부서진 쾨니히스베르크성을 불태워버렸어요. 독일이 러시아에서 약탈한 문화재보다 더 많은 독일 문화재를 약탈하고 파괴했지요. 물론 독일이 약탈한 호박방을 되찾는 일이 가장 중요했어요.

러시아는 호박방을 찾으려 독일 전역을 샅샅이 뒤졌어요. 하지만 호박방은 사라져 흔적도 없었어요. 호박방에 대한 소문만 무성했지요. 누구는 영국 공군이 쾨니히스베르크성을 공격했을 때 호박방이 파괴되었다고 했고, 어떤 사람은 러시아군이 쾨니히스베르크성을 불태웠을 때 호박방도 불에 타 사라졌다고 했어요. 또 다른 사람은 독일이 다른 나라들을 피해 미리 배에 실어 안전한 곳으로 옮기려고 했는데, 그 사실을 모르는 러시아 해군이 그 배를 공격해 배와 함께 호박방도 바닷속으로 가라앉아 버렸다고 했지요. 독일이 이미 호박방을 안전한 곳에 숨겨놓았다고 말하는 사람도 있고, 다른 나라에 빼앗기느니 아예 없애는 게 낫다고 생각해서 독일군이 호박방을 태워 없앴다는 소문도 있었어요. 하지만 정확하게 호박방이 어떻게 되었는지를 아는 사람은 아무도 없었어요. 호박방이 어디에 있는지는 미스터리로 남았지요.

다시 만든
호박방

러시아는 호박방을 추적하는 특별팀을 만들었어요. 이들은 호박방과 관련이 있거나 본 적이 있는 사람, 소식을 알법한 모든 사람을 만나고 조사했어요. 특별팀은 1945년 6월, 호박방에 대해 조사한 결론을 냈어요. 결론은, 러시아군이 쾨니히스베르크를 점령하고 성을 불태웠을 때, 호박방도 함께 불에 타 없어졌다는 거였지요.

러시아는 1979년부터 호박방을 복원하는 대공사를 시작해서 24년만인 2003년에 완성했어요. 호박방은 예전에 있던 예카테리나 궁전에 복원되었지요. 호박방을 다시 만드는 데 엄청난 비용이 들었는데, 독일의 한 회사가 비용의 일부를 냈어요.

상트페테르부르크가 세워진 지 300년이 된 것을 기념하는 자리에서,

다시 만든 호박방

러시아 푸틴 대통령은 호박방이 완전하게 복원되었다고 정식으로 선언했어요. 62년 만에 호박방이 다시 그 모습을 드러냈지요.

러시아는 1945년에 호박방이 파괴되어서 다시 복원했다고 말하지만, 지금도 보물 사냥꾼들은 호박방을 찾아 전 세계를 뒤지고 있어요. 이들은 호박방이 어딘가에 숨겨져 있을 거라 믿고 있어요. 호박방의 최후를 목격한 사람도 없고, 호박방을 조사한 러시아 조사팀도 믿을 수 없다는 거지요. 심지어 독일과 러시아 정부도 호박방을 찾고 있다고 해요.

호박방에 사용된 호박과 금의 가치만 해도 어마어마해요. 그리고 가장 솜씨 좋은 조각가들이 호박을 조각했어요. 러시아와 독일 황제들이 얽힌 역사적인 가치도 대단하지요.

  세계에서 가장 큰 보석, 호박방은 정말 파괴되어 사라졌을까요? 아니면 어딘가에 안전하게 숨겨져 있는 걸까요?

8장

프랑스의 자랑거리가 된
세계 최고(最古)의 법전

이란 함무라비 법전 비문

함무라비 법전 비석 (루브르박물관 소장)

기원전 18세기의 작품입니다. 비석 위 오른쪽 옥좌에 걸터앉은 정의의 신 샤마슈가 왼쪽에 선 함무라비에게 법전을 내리는 모습이 부조되어 있습니다. 그 아래에는 함무라비 법전 282개 조항이 바빌로니아 시대의 설형문자(楔形文字)로 새겨져 있습니다.
(높이 225cm, 너비 65cm, 둘레 190cm, 무게 4t)

억울한 일을
당했어요

옛날, 바빌로니아 왕국에 모리스와 잠보가 살았어요. 두 사람 모두 염소를 키우며 살았지요. 두 사람의 염소는 같은 산등성이에서 함께 풀을 뜯으며 지냈어요.

그런데 며칠 전부터 모리스가 심하게 감기에 걸렸어요. 온몸에 열이 펄펄 나고, 콧물과 재채기까지 심해서 자리에서 일어나기도 힘이 들었지요. 항상 함께 염소를 산으로 몰고 갔던 모리스가 보이지 않자, 잠보가 모리스를 찾아갔어요.

"자네가 염소를 몰고 나오지 않기에 걱정이 되어 찾아왔다네. 아주 아파 보이는구먼."

"독감에 심하게 걸렸다네. 미안하지만, 아무래도 내가 일을 하기가 힘들어서 그러니 오늘 하루만 내 염소들을 돌봐 주지 않겠나?"

"그러지. 자네 염소들은 내가 내 염소처럼 잘 돌볼 테니 걱정하지 말게."

잠보는 모리스의 부탁을 흔쾌히 승낙했어요.

"고맙네, 잠보. 나도 다음에 자네의 염소를 돌봐 주겠네."

"허허허, 이웃 좋다는 게 뭔가. 자네는 그저 몸조리만 잘하게."

잠보는 모리스의 염소들을 자신의 염소들과 함께 뒷산으로 몰아갔어요. 오랫동안 비가 오지 않아 산에는 풀이 별로 없었지요.

'이렇게 오랫동안 가뭄이 든 건 처음이야. 온 산에 풀이 누렇게 시들어 버려서 내 염소들이 먹을 풀도 부족하다니까.'

하지만 잠보는 모리스의 염소에게도 자신의 염소와 똑같이 풀을 먹였어요. 그런데 모리스의 염소 한 마리가 눈에 뜨였어요. 반질반질하게 윤기가 돌고 가파른 산벼랑을 뛰어다닐 만큼 몸놀림도 재빠른 건강한 암염소였지요. 그런데 그날따라 그 염소의 털이 푸석하고 움직임도 둔했어요. 잠보는 계속 그 염소를 눈여겨보았어요.

어느덧 하늘 높이 있던 해가 산등성이 사이로 내려앉고 있었어요. 잠보는 서둘러 염소들을 불러 모아 마을로 내려갔어요.

이렇게 모리스가 건강해질 때까지 잠보는 일주일 동안 모리스의 염소를 대신 돌봐 주었어요. 모리스는 그런 잠보가 참 고마웠어요.

"고맙네, 잠보. 이 신세를 어떻게 갚아야 할지…."

"신세는 무슨…. 그러면 말일세, 저 암염소를 내게 주게. 비쩍 말라서 곧 죽을 것 같으니 별로 아깝지 않겠지?"

잠보는 그동안 눈여겨보았던 암염소를 가리켰어요.

모리스가 그 염소를 보니, 배만 볼록하고 비쩍 말라 비틀거리는 암염소였어요.

"자네가 그동안 도와주었는데 내가 병든 암염소를 못 주겠나? 자네가 저 염소를 가지게."

모리스는 선뜻 그 암염소를 잠보에게 주었어요. 그동안 잠보가 자신을 도와주었는데 그런 부실한 암염소쯤 아깝지 않았지요.

그렇게 한 달이 지났어요. 모리스는 잠보에게 준 암염소가 새끼를 5마리나 낳았다는 것을 알게 되었어요. 모리스는 머리끝까지 화가 났어요. 잠보가 아픈 자신을 도와줬다며 고맙게 생각했는데 알고 보니 잠보는 그동안 모리스의 암염소를 뺏으려고 계략을 꾸민 것 같았지요.

모리스는 잠보에게 찾아가 따졌어요.

"그 암염소가 임신한 것을 알고서 자네는 내게 그 염소를 달라고 했군. 내가 아파서 제대로 염소를 살피지 못할 것을 알고 나를 속인 것 아닌가?"

"자네 말대로 자네가 제대로 살피지 않은 탓이지, 어떻게 내가 자네를 속인 것인가? 이미 내게 준 것이니 그만 돌아가게."

화가 난 모리스는 잠보에게 주먹질을 했어요. 그러고는 뒤도 돌아보지 않고 집으로 돌아갔지요. 모리스에게 맞은 잠보는 앞니가 2대나 부러졌어요. 잠보의 형제들이 이 사실을 알고 모리스에게 복수하겠다며 모리스의 집으로 쫓아갔어요.

"감히 내 동생을 때려서 이를 2대나 부러뜨려?"

"모리스 녀석, 이뿐만 아니라 팔까지 부러뜨려 줄 테다."

잠보의 형제들은 흥분해서 모리스를 찾아다녔어요. 이 소식을 듣고 모리스는 두려웠어요. 그래서 얼른 재판장을 찾아가 도움을 청했어요.

재판장은 모리스와 잠보의 사연을 다 듣고는 이런 판결을 내렸어요.

"함무라비 법전에는 이렇게 나와 있다. '눈에는 눈, 이에는 이'. 그러니 모리스를 속이고 새끼를 밴 암염소를 얻은 잠보는 모리스에게 그 암염소와 새끼들을 돌려줘라. 그리고 모리스가 잠보의 앞니 2개를 부러뜨렸으니, 잠보는 똑같이 모리스의 앞니 2개를 부러뜨려라."

판결대로, 모리스는 잠보에게 준 암염소와 새끼염소를 되찾았어요. 잠보는 모리스의 앞니 2개를 부러뜨렸지요. 두 사람 모두, 판결이 공평하다고 생각했어요. 그 뒤 두 사람은 다시 친한 이웃사촌이 되어 함께 염소를 키우며 사이좋게 살았어요.

세계 최초의 성문법,
함무라비법

모리스와 잠보가 받은 판결은 요즘의 판결과는 사뭇 달라요. 현대 법은 몸을 아프게 하는 벌은 주지 않지요. 또 피해자가 손해를 당한 만큼 가해자(피해를 준 사람)에게 되갚게 하지도 않지요.

하지만 고대의 법은 그렇지 않았어요. '눈에는 눈, 이에는 이'라는 법 원칙이 있었어요. 당한 만큼 되갚으라는 원칙이지요. 복수를 해도 되는, 잔인하고 무서운 법처럼 느껴질 수 있어요. 하지만 잠보의 형제들이 모리스의 이뿐 아니라 팔까지 부러뜨리려고 한 것을 생각하면, 오히려 이런 법 원칙은 공정하고 합리적인 법이기도 해요. '앞니 2개는 부러뜨려도 되지만 그 이상은 안 된다.'라는 뜻도 포함하고 있으니까요.

'눈에는 눈, 이에는 이'라는 말로 유명한 이 법은 지금의 이라크에 있었던 바빌로니아 왕국의 법이에요. 기원전 1700년경에 만든 법이지요.

이 법 조항이 포함된 바빌로니아의 법전을 '함무라비 법전'이라고 해요. 바빌로니아의 6대 왕인 함무라비 왕이 선포한 법이에요. 함무라비 왕은 바빌로니아 주변의 여러 나라를 통합해서 최초로 대제국을 건설한 왕이기도 해요. 고대 문명이 발생한 메소포타미아 지역을 다 차지했지요.

함무라비 왕은 공정하게 나라를 다스리려면 법이 필요하다고 생각했어요. 그래야 힘센 사람이 약한 사람을 괴롭히지 못하고, 억울한 일을 당해도 법이 정한 대로 그 억울함을 풀어줄 수 있으니까요. 또 생활의 기준을 법으로 정해, 행동과 가치의 본보기로 삼는 역할도 했어요. 어떤 행동은 하면 안 된다는 기준이지요. 그래서 법을 만들어서 온 백성에게 알렸어요.

함무라비 법전은 세계 최초의 성문법이에요. 문서로 기록된 최초의 법이지요. 282개 조항으로 된 법인데, 그중 196조의 법 내용이 "만일 다른 사람의 눈을 상하게 했을 때는 그 사람의 눈도 상해져야 한다."라는 내용이에요. 또 "만일 다른 사람의 이를 상하게 했을 때는 그 사람의 이도 상해져야 한다."는 내용은 200조의 내용이지요. 이 법 조항들에서 '이에는 이, 눈에는 눈'이라는 고대법의 원칙이 나왔어요.

이 법 조항 이외에도 함무라비 법전에는 경제법, 가족에 대한 법, 행정에 관한 법, 민법과 형법 등의 법이 포함되어있어요. 고대 바빌로니아

는 문명이 발달한 국가였어요. 당시 다른 나라들은 주로 농업에 종사했지만, 바빌로니아는 상업이 발달하고 이웃 나라들과 무역도 활발하게 했지요. 문명이 발달하고 백성이 다양한 일을 하며 사는 만큼 다양한 법이 필요했어요.

그래서 바빌로니아 법은, 최초의 성문법이라는 가치 외에도 기원전 1700년경에 사람들이 어떻게 살았는지를 알려주는 귀한 자료이기도 해요. 예를 들어, '부모를 해친 자식은 그 손목을 자른다.'라는 법 조항은, 그 당시에 부모에게 효도하는 것이 중요한 가치였다는 사실을 알려주지요. 또 아무리 빚을 못 갚는 사람일지라도 그 사람의 논밭을 가는 소는 빼앗을 수 없다는 법 내용도 있어요. 이 법의 내용은, 고대 바빌로니아가 가난한 사람이 최소한의 생활을 할 수 있도록 보호하는 나라였다는 점을 알 수 있어요. 무엇보다 고대 바빌로니아가 왕이 마음대로 다스리는 나라가 아니라, 법에 따라 다스리는 법치주의 국가라는 사실을 알려주고 있지요.

세계 최고의 문화재, 함무라비 법전 비석

함무라비 왕은 이 법들을 검은 화강암 비석에 새겼어요. 높이가 225cm, 너비는 65cm, 둘레는 190cm예요. 무게가 4t(톤)이나 되는 커다란 비석이에요. 함무라비 왕은 이 비석을 신전에 세워두었어요.

함무라비 법전 비석의 윗부분에는 샤마슈 신과 함무라비 왕이 조각되어있어요. 샤마슈는 바빌로니아의 법과 정의를 담당하는 신이고 태양신이기도 해요. 비

함무라비 법전 비석의 윗부분

쐐기문

석에 새겨진 조각에는 샤마슈가 함무라비 왕에게 왕의 권위를 상징하는 반지와 지휘봉을 내려주고 있어요. 화려하게 치장한 신은 의자에 앉아있고 함무라비 왕은 소박한 옷을 입고, 신 앞에 서있지요. 이 모습은 신 앞에 겸손한 왕의 모습을 보여주고, 신을 대신해서 함무라비 왕이 법과 정의를 실현한다는 뜻을 품고 있어요. 신이 내려준 신성한 법이라는 것을 나타내어, 이 법을 반드시 지켜야 한다는 것도 함께 알리고 있지요.

샤마슈 신과 함무라비 왕을 새긴 조각 아래에 함무라비 법전의 282개 법 조항이 쐐기문자로 새겨져 있어요. 함무라비 법전 비석은 신과 왕을 새긴 조각(미술)과 법 조항(역사)가 함께 어우러진 최고의 문화재예요.

함무라비 법전 비석은 어디에?

다른 중요한 문화재들처럼, 함무라비 법전도 다른 나라에서 탐냈어요. 기원전 1158년, 바빌로니아를 침범한 엘람 왕국(지금의 이란)은 전쟁에서 승리한 기념으로 함무라비 법전 비문을 약탈했어요. 엘람의 왕은 비석의 내용을 조금 지우고, 자신이 바빌로니아와의 전쟁에서 이긴 내용을 새겨 넣었어요. 그 뒤 비석은 약 3,000년 동안 이란 지역의 신전에 새워져 있었어요.

오랜 시간이 지나며, 함무라비 법전 비석은 땅속에 묻혀 잊혔어요. 그런데 1895년, 프랑스는 이란의 유물을 마음대로 발굴할 수 있는 권리를 이란의 왕에게 아주 싸게 샀어요. 그리고 이란 전 지역을 뒤져서 수많은 문화재를 발굴했지요. 프랑스는 발굴한 문화재를 프랑스로 실어가기도

현재 이란 위치

하고 다른 나라에 비싸게 팔기도 했어요. 함무라비 법전 비석도 이때 이란의 수사에서 발굴되었어요. 세 조각으로 부서진 상태였지요.

    프랑스는 함무라비 법전 비석을 프랑스 루브르박물관에 보냈어요. 박물관은 세 조각으로 나뉜 비문을 수리해서 지금까지 전시하고 있어요. 함무라비 법전 비문은 루브르박물관이 가진, 최고의 고대 문화재로 대접받고 있어요. 최초로 함무라비 법전 비석을 약탈한 엘람 왕국, 지금의 이란 국립박물관에는 프랑스가 선물한 함무라비 법전 비석의 복제품이 전시되어있고요. 함무라비 법전 비석은 고대 바빌로니아(지금의 이라크)의 역사와 민족정신이 담긴 소중한 문화재예요. 그 시대를 알 수 있는 귀중한 자료이기도 하지요. 하지만 지금은 바빌로니아와는 상관도 없는 나라들의 박물관에 전시되어있어요.

9장

세계 최대(最大), 최고(最古)의 불교 성지가 약탈당하다
중국 둔황석굴의 고문서

보살 그림 드리개 (국립중앙박물관 소장)

둔황(敦煌)에서 발견했습니다. 이와 같은 드리개를 번(幡)이라 합니다. 번은 불교에서 보살의 위덕을 나타내는 장엄구로, 불당의 기둥이나 천개, 불당 밖에 드리웁니다. 번 가운데에는 거대한 보살상 일체를 하나만 그린 것도 있으나, 거의 같은 모습으로 세로로 반복하여 묘사한 것이 많습니다. 대부분이 선묘만으로 표현하며 이처럼 입체적으로 묘사한 번은 매우 드뭅니다. 밝은 느낌을 주는 붉은 선으로 윤곽을 그린 뒤, 옅게 채색하여 입체적으로 묘사하였습니다. 10세기에 제작한 것으로 추정됩니다. (비단에 채색, 가로 28cm, 세로 181cm)

스타인이
찾아오다

1907년 오렐 스타인이 중국 변두리에 있는 둔황현에 찾아왔어요. 그는 영국인 탐험가인데 주로 아시아의 오지를 탐험해왔지요. 스타인은, 영국이 인도를 지배하려고 세운 인도 총독부의 지원을 받고 중국에 온 거였어요. 둔황에 있는 석굴에서 희귀한 고대 유물이 발견되었다는 소문을 들었기 때문이에요. 스타인은 중국어를 할 줄 몰라서 중국인 조수를 고용했어요. 조수와 함께 둔황석굴을 찾아간 스타인은 둔황석굴에 있는 아름다운 고대 벽화와 조각상을 보고 가슴이 마구 뛰었어요.

마침 둔황석굴을 관리하는 왕원록이라는 도교 도사가 스타인 일행을 맞았어요.

"이곳까지는 무슨 일로 오신 겁니까?"

왕원록이 물었어요.

"우리 스타인 선생님께서는 신앙심이 아주 깊은 불교 신자입니다. 이런 불교 성지를 방문하는 것은 당연한 일이죠."

"불교 신자라고요?"

왕원록은 스타인의 조수가 하는 대답을 듣고, 의심이 가득한 눈으로 스타인을 위아래로 훑어보았어요. 처음 본 서양인을 곧이곧대로 믿을 수는 없었어요.

스타인과 그의 조수 역시 왕원록을 꼼꼼히 살폈어요. 왕원록의 약점을 찾으려고 말이에요. 그들은 왕원록이 『서유기』에 나오는 현장법사를 매우 존경하고 도교 사원을 짓는 것이 꿈이라는 것을 알아냈어요. 무엇보다 왕원록은 둔황석굴에서 발견된 문서와 그림들이 얼마나 대단한 문화재인지를 모르고 있었어요.

왕원록 몰래, 스타인이 그의 조수에게 눈짓했어요. 눈짓을 받고 조수가 왕원록에게 말했어요.

"이분은 현장법사를 매우 존경하신답니다."

"오, 그, 그래요? 서양인이 현장법사를 아는 것도 신기한데, 그분을 존경하기까지요?"

왕원록은 반가움과 의심이 뒤섞인 표정을 지었어요. 스타인에 대한 의심이 조금 사라진 것 같았어요.

스타인은 이때를 놓치지 않았어요.

둔황석굴 벽화

"저는 영국인이지만 불교를 믿는 마음이 깊어서 인도에서 살았습니다. 이곳 둔황석굴이 불교의 성지라서 꼭 와보고 싶었지요. 와보니 왕 도사께서 이곳을 아주 잘 관리하고 계셔서 감탄했습니다."

스타인이 왕원록을 추켜세웠어요. 왕원록의 얼굴에서 의심하는 표정이 사라졌어요. 왕원록은 스타인에게 자기 자랑을 늘어놓았어요.

"사실 이 많은 석굴을 관리하는 게 보통 힘든 일이 아닙니다. 중국 정부는 이곳에 관심도 없는 것 같거든요. 그나마 이 정도로 둔황석굴이 유지되는 것도 매일 내가 발에 땀이 나도록 시주를 받고, 허리가 휘도록 석굴을 쓸고 닦아 청소하기 때문입니다. 저기, 그런데 말입니다…."

왕원록이 스타인의 소매를 잡으며 은밀하게 말했어요.

"제가 석굴을 청소하다, 새로운 석굴을 발견했지 뭡니까? 석굴 안에 또 다른 석굴이 숨어있었다니까요."

"아, 그렇습니까?"

"네, 그 석굴 안에 두루마리가 가득 쌓여있었습니다."

"허허허, 겨우 두루마리가요? 실망이 크셨겠습니다."

스타인은 짐짓 그 두루마리가 하찮은 것인 양 말했어요. 그러자 오히려 왕원록이 애가 탔어요.

"그, 그래도 그 두루마리가 아주 오래된 것 같은데…. 내가 보여줄 테니, 기다리십시오."

왕원록은 새로 발견된 석굴에서 손에 잡히는 대로 두루마리를 하나 꺼

내왔어요. 우연하게도 그 두루마리 안에는 현장법사가 번역한 불경이 들어있었어요.

스타인은 그 불경을 보며, 과장되게 무릎을 쳤어요.

"아, 이것은 현장법사가 저를 기다리고 있었다는 증거입니다. 이 불경은 현장법사가 인도에서 가져와 번역한 불경입니다. 저 역시 현장법사처럼 인도에서 이곳까지 왔습니다. 저는 불교의 발전을 위해 이 모든 두루마리를 인도로 되가져가서 연구하겠습니다. 이 모든 일은 현장법사의 뜻이 분명합니다."

존경하는 현장법사의 뜻이라는 말에 왕원록은 마음이 움직였어요. 스타인이 왕원록의 꿈인 도교 사원을 짓도록 돈을 주겠다는 말에는 이미 두루마리들을 가지러 석굴로 달려가고 있었지요.

새로 발견된 석굴에 쌓여있는 두루마리들은 책과 문서, 그림을 싸고 있었어요. 입구를 벽으로 쌓아 숨겨둔 석굴은 아무도 손을 대지 않은 채, 완벽하게 보존되어있었어요.

'수천 년 동안 숨겨졌던 보물을 이렇게 쉽게 얻다니….'

두루마리들을 풀어보며 스타인은 절로 웃음이 새어 나왔어요. 하지만 스타인은 왕원록 앞에서는 여전히 불경에만 관심이 있는 독실한 불교 신자인 척했어요.

왕원록과 스타인 일행은 주민들의 눈에 띄지 않게 밤에 은밀하게 둔황 석굴의 두루마리들을 날랐어요. 스타인은 두루마리 9,000개와 그림 500

점을 얻었어요. 왕원록에게는 은화 200냥을 주었어요.

스타인은 둔황석굴의 문화재를 영국으로 가져가서 대영박물관과 대영도서관에 나누어 보관했어요.

그런데 스타인은 둔황석굴에 남아있는 고문서들을 그냥 두기엔 너무 아까웠어요. 1914년 스타인은 다시 둔황석굴을 찾아가서, 왕원록에게 돈을 조금 쥐여 주고는 두루마리 600개를 가져갔어요. 스타인은 자신의 행동이 중국의 소중한 문화재를 도둑질한 것이라고 생각하지 않았어요. 오히려 '오랫동안 잊힌 보물을 내가 구출해서 세상 사람들에게 보여준다.'라는 자부심이 넘쳤어요. 영국인들도 스타인을 높게 평가했고, 영국 정부는 그의 신분을 귀족으로 높여줬어요.

동양과 서양이 만나는 곳,
둔황

　둔황은 사막 속에 있는 오아시스 도시예요. 중국 서쪽에 있는데, 중국과 중앙아시아, 인도, 유럽을 연결했던 비단길(실크로드)의 중심지였어요. 비단길은 중국의 비단이 이 길을 지나 서양에 팔려갔다고 해서 붙은 이름이에요. 비단뿐 아니라 중국의 종이를 만드는 기술, 도자기와 차 등이 서양으로 전해지고, 로마의 유리가 비단길을 통해 중국과 동양으로 전해졌어요. 무역상인과 함께 불교 승려, 순례자 들이 이곳을 지나, 중앙아시아와 인도 등으로 불교를 배우고 불경을 얻으러 갔지요. 둔황을 상징하는 비천상은 원래 인도의 신이에요. 음악을 담당하는 신인데 인도에서 비단길을 지나 중국에, 중국에서 다시 한국으로 전해졌어요. 우리나라 국보 36호인 상원사 종에도 비천상이 새겨져 있지요.

현재 중국 지도에서 둔황의 위치

둔황(敦煌)은 '크게 번성하다'라는 그 이름처럼, 오랫동안 동양과 서양의 무역으로 부유한 도시였어요. 동서양의 문화와 예술도 함께 발달했지요. 특히 불교문화가 발달했어요. 둔황에서 발달한 불교문화는 막고굴에 남아있어요.

막고굴*은 세계적인 불교유적지예요. 366년에 악준이란 승려가 둔황의 명사산에서 나오는 신비한 빛을 보고, 그 산의 절벽 면에 굴을 팠어

망사산 낭떠러지에 펼쳐진 석굴군, 둔황석굴

요. 굴 안에는 부처상과 불교 벽화를 그렸지요. 그 뒤부터 약 1,000년 동안 수많은 승려와 조각가, 화가, 석공 등이 명사산 절벽에 굴을 파고 불상과 불교 벽화를 남겼어요. 이렇게 만들어진 석굴들을 막고굴이라 불러요. 막고굴은 '사막 위의 높은 굴'이라는 뜻이에요. 3층으로 석굴이 팠는데 그 수가 무려 700여 개나 돼요. 각 석굴은 숫자로 구분했어요. 1,000년이 넘는 시간 동안 돌궐족, 위구르족, 티베트인, 몽골족 들이 둔황에 살면서 굴을 파고 그 안에 불교 유물을 남겼어요. 둔황을 지나가는 승려와 순례자들도 그렇게 했지요. 다양한 사람들이 1,000년 동안 700여 개

둔황석굴 벽화 문수보살과 유마거사 중 일부

의 석굴에 흔적을 남긴 거예요. 그래서 막고굴 하나하나가 다 다르게 생겼고, 그 속에 표현된 불상과 벽화, 유물이 다 달라요. 중국인과 한국인의 전통의상이 다르고, 조선 시대의 옷과 지금 우리가 입는 옷이 다르듯이, 시대마다, 민족마다, 나라마다 문화와 생활하는 모습이 다르기 때문이에요. 막고굴 벽화에 그려진 다양한 민족의 모습 속에는 고대 한반도인의 모습도 있어요. 우리나라 고유의 옷을 입고 전통악기를 들고 있지요. 하지만 온 힘을 다해 석굴 벽은 물론 천장까지 벽화를 그리고, 작은 불상부터 수십 m에 이르는 불상을 조각한 정성만은 똑같았어요.

용어 풀이

막고굴(莫高窟)

막고굴은 세계에서 가장 크고 오래된 불교 석굴이기도 해요. 불교 문화재가 가득하고 불교의 역사를 한눈에 볼 수 있는 불교 성지예요.

둔황의 고문서를
도둑맞다

 배를 만드는 기술, 조종하는 기술이 발달하면서 사막을 가로지르는 비단길 대신 바닷길로 무역을 하게 되었어요. 비단길의 중심도시여서 경제, 문화, 종교가 발달했던 둔황도 점차 사람들의 관심에서 멀어졌지요. 그러다 1900년, 둔황의 막고굴이 세상 사람들에게 다시 알려지는 사건이 있었어요.

 둔황의 막고굴을 관리하던 왕원록이 우연히 16호 굴 속에 숨겨져 있던 새로운 석굴, 17호 굴을 발견한 거예요. 17호 굴을 장경굴이라고도 부르는데, 불교 도서관 같은 곳이었지요. 바닥부터 천장까지 두루마리에 싼 고문서와 그림, 고대 악기와 자수 작품, 불상 등의 불교 문화재가 가득 쌓여있었어요. 장경굴에 있던 4세기에서 11세기까지의 유물은 세계를 놀라게 할 엄청난 문화재였어요.

특히 이곳에서 발견된 문서들을 '둔황문서'라고 부르는데 약 5만 권에 이르는 둔황문서는 매우 소중한 문화재예요. 다양한 민족이 막고굴을 만들었던 것처럼, 둔황문서는 고대 한자어, 고대 산스크리트어, 토반어, 위그르어, 호탄어, 소그드어 등 다양한 언어로 쓰였어요. 불교 역사뿐 아니라 시대에 따라 사회의 모습, 언어와 문화가 어떻게 변해왔는지를 알 수 있는 귀중한 자료이지요. 둔황문서 중에는 세계에서 가장 오래된 인쇄본 중 하나인 『금강경』도 있어요. '세계 4대 여행기'로 불리는 『왕오천축국전』도 있지요. 『왕오천축국전』은 신라의 승려인 혜초가 배를 타고 인도에 도착해서 불교 성지를 참배하고, 인도의 여러 나라와 중국 일부를 여행한 내용이 기록된 책이에요.

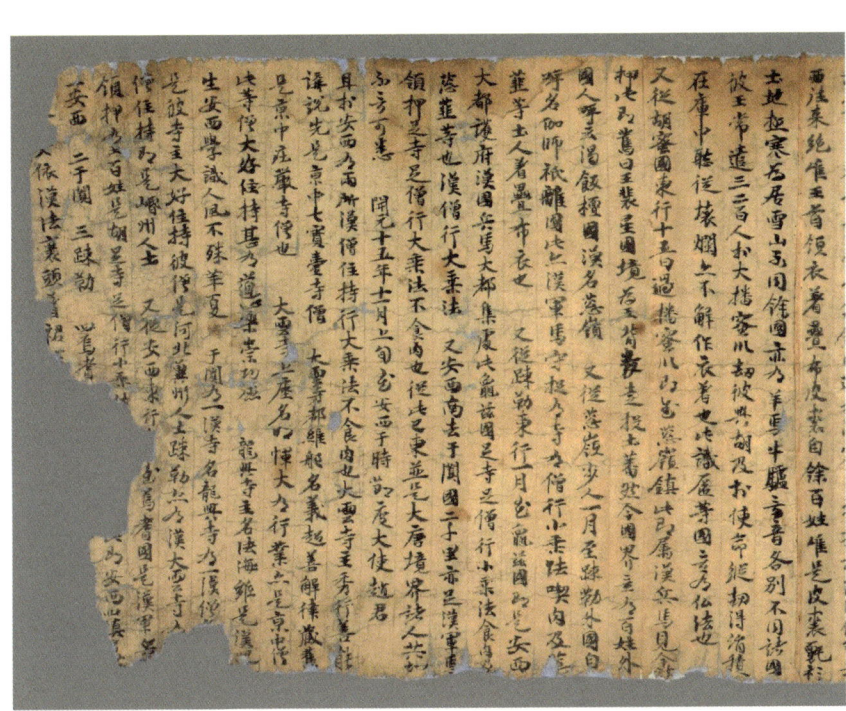

왕오천축국전 끝부분(프랑스국립도서관 소장)

장경굴은 그곳에 있는 문화재를 오랫동안 안전하게 보관하기 위해, 9~10세기경에 벽으로 막아서 완전히 밀폐시킨 석굴이에요. 그 덕분에 중국을 지배했던 나라가 송, 원, 명, 청 등으로 바뀌는 동안에도 다른 종교를 가진 사람들을 피해 안전하게 보존될 수 있었지요.

그런데 중국은 장경굴과 그 속에서 가득 쌓인 귀중한 문화재에 관심을 가질 여유가 없었어요. 장경굴이 발견된 1900년에 영국, 프랑스, 미국, 독일, 러시아, 일본, 이탈리아, 오스트리아 8개 나라가 중국에 선전 포고를 했어요. 중국에 있는 의화단*을 잡고 자기 나라 국민을 보호하겠다는 이유였어요. 하지만 그 속셈은 수천 년 동안 거대한 영토를 다스리며, 수준 높은 문화, 화려한 보물이 가득했던 중국이 욕심났던 거예요. 거대한 중국 땅과 문화재, 보물을 훔치고 싶었지요.

여덟 나라와 전쟁을 해야 했던 중국은, 장경굴과 둔황문서를 발견한 것을 기뻐할 수가 없었어요. 오히려 그 발견으로 중국을 욕심냈던 다른 나라들에게 수백 년간 안전하게 숨어있던 장경굴의 문화재들까지 빼앗기게 되었지요.

용어 풀이

의화단*
19세기 말, 중국은 서양 여러 나라가 침입해서 힘든 상황이었어요. 그러자 중국인은 중국에 있는 외국인을 몰아내기 위해, 의화단이라는 비밀 단체를 만들었어요.
의화단은 중국의 전통을 무시하는 기독교, 가톨릭 신자와 종교인을 살해했어요.
그리고 중국을 위협하는 서양 여러 나라의 외교관들을 공격했어요.

둔황의 문화재는
어떻게 되었을까?

　1, 2차 아편전쟁에서 중국을 이긴 나라들은 자기 나라 국민이 중국을 마음대로 탐사할 수 있게 하라고 요구했었어요. 중국을 욕심냈던 나라들은 약탈할 문화재와 보물을 찾기 위해 중국을 샅샅이 조사하고 싶었지요. 영국인 스타인을 시작으로, 프랑스인 펠리오, 일본인 오타니 고즈이 외에 러시아인과 미국인 등이 둔황을 찾아와 막고굴에 있던 문화재들을 싹쓸이했어요. 둔황문서와 불상은 물론 벽화까지 강력한 접착제를 사용해서 뜯어갔지요.

　둔황 막고굴은 1987년 유네스코 세계 문화유산으로 지정되었어요. 1,000년 동안 수많은 사람이 깊은 신앙심으로, 두 손으로 석굴을 파고, 그 속에 벽화를 그리고 불상을 조각하고 그림과 불경, 문서들을 남겼어

프랑스인 펠리오(1908년)

요. 비록 막고굴에 있던 유물 대부분이 약탈되었지만, 1,700여 년을 지켜온 막고굴의 각 굴은 저마다 문화, 불교, 예술이 아로새겨진 소중한 문화유산이니까요.

스타인이 약탈한 『금강경』을 비롯한 둔황 문서는 영국의 대영박물관과 대영도서관, 당시에 영국의 식민지였던 인도의 국립박물관에 전시되어있어요. 한자어로 된 문서들의 목록을 만드는 데만 40년이 걸렸고 나머지 문서는 아직 종류별로 분류도 하지 못하고 있지요.

스타인 다음으로 둔황의 문화재를 약탈한 펠리오는 『왕오천축국전』을 비롯해 약 9,000여 점을 약탈했어요.

둔황의 문화재를 약탈한 사람 중에는 일본인 오타니 고즈이라는 승려가 있어요. 그는 일본 왕의 먼 친척이었는데 우리나라 조선에 있었어요. 그때 우리나라는 일본의 조선총독부가 지배하고 있었지요. 그는 우리나라의 광산을 개발할 수 있게 해달라며 조선총독부에 뇌물을 주었어요. 그 뇌물이 바로, 둔황 막고굴에서 약탈한 문화재들이지요. 그런데 일본이 제2차 세계대전에서 지면서 우리나라에서 쫓겨나자, 그 문화재들은 우리나라에 남겨졌어요. 지금 둔황 막고굴의 문화재는 국립중앙박물관에 전시되어있어요. '오타니 컬렉션'이라는 이름으로 구분된 그 문화재는 4,500여 점이나 되지요. 중국은 우리나라에 둔황의 문화재들을 돌려달라고 요구하고 있어요.

둔황 막고굴은 오랜 역사와 수준 높은 문화, 거대한 땅을 가진 중국에서 첫 번째로 유네스코 세계 문화유산으로 선정될 만큼 문화적인 가치가 높은 곳이에요. 막고굴의 문화재 역시 양도 엄청나고 가치도 매우 높지요. 하지만 막고굴의 문화재는 10여 개의 나라에 흩어져 있어서, 문화재들을 체계적으로 조사하고 연구할 수가 없어요. 그래서 여러 나라가 힘을 모아 '국제 둔황프로젝트'를 만들었어요. 각 나라에 있는 둔황의 문화재를 다 모아서 연구하고 보존하기 위해서예요.

중국은 1840년 아편전쟁 이후에 다른 나라로 빠져나간 문화재가 1,000만여 점이라고 발표했어요. 유네스코에서 조사한 중국의 유출 문화재는 그보다 더 많은 1,800만여 점이에요. 그중에 중국의 국보, 보물로 지정될만한 가치가 있는 문화재만도 100만여 점이나 된다고 해요. 그동안 중국은 다른 나라에 약탈당한 문화재에 대해 아무 말도 하지 않았어요. 하지만 둔황 문화재와 원명원 문화재를 시작으로 하나둘 자국의 문화재를 되찾고 있어요.

10장
신화 속 트로이 왕국을 파헤치다
그리스 트로이 왕국의 유물

트로이 왕국의 유물 중 일부(모스크바 푸시킨주립미술관 소장)

그리스 신화 속 이야기,
트로이 전쟁

　고대 그리스는 여러 도시국가로 나뉘어있었어요. 그중에 스파르타가 있었지요. 스파르타의 왕 메넬라오스는 트로이와 평화롭게 지내자는 약속을 하려고, 트로이의 왕자 파리스를 초대했어요. 그런데 파리스가 메넬라오스의 부인 헬레네와 사랑에 빠졌어요. 헬레네는 세상에서 가장 아름다운 여자였어요. 파리스는 헬레네를 꾀어, 메넬라오스 몰래 트로이로 도망쳤어요. 자신의 집에서 손님에게 부인을 빼앗긴 메넬라오스는 머리끝까지 분노했어요. 그래서 형인 미케네 왕 아가멤논에게 도와달라고 부탁했어요.
　그렇지 않아도 아가멤논은 바다 건너 트로이를 욕심내고 있었어요. 그런 차에 동생의 요청은 좋은 핑곗거리가 되었지요. 겉으로는 동생의 부인 헬레네를 되찾아오자는 것이었지만 진짜 목적은 트로이를 차지하는 것이었어요.

　메넬라오스는 그리스의 다른 도시국가들에 맹세를 지키라고 요구했어요. 헬레네가 메넬라우스와 결혼하기 전에, 아름다운 그녀와 결혼하기 위해 그리스의 많은 영웅이 그녀에게 청혼했어요. 그리고 청혼자들은 헬레네와 결혼한 남자에게 어려움이 생기면 그를 돕기로 맹세했지요. 헬레네와 결혼한 메넬라오스가 도움을 요청하자, 헬레네에게 청혼했던 그리스의 영웅들은 맹세를 지키려고 트로이 전쟁에 참여하게 되었어요.

　그리스의 도시국가들이 아가멤논과 함께 트로이를 정복하러 떠났어요. 그리스 최고의 영웅인 아킬레스도 함께였어요. 전쟁 준비만 10년이 걸렸지요. 그리스 연합군은 엄청난 수의 군대를 군함에 태워 트로이로 향했어요.

　그리스 연합군에는 아킬레스, 오디세우스, 아이아스 등의 영웅이 무수히 많았지만, 트로이의 성을 무너뜨릴 수가 없었어요. 트로이성은 용감하고 지혜로운 헥토르가 굳건히 지키고 있었으니까요.

　전쟁을 시작한 지 10년이 된 해에, 그리스 연합군에 큰 문제가 생겼어요. 그리스군 사령관인 아가멤논과 가장 뛰어난 전사인 아킬레스가 싸웠어요. 화가 난 아킬레스가 더는 전쟁에 참여하지 않겠다고 선언한 거예요. 아킬레스가 전쟁에 나가지 않자, 그리스군은 계속 트로이군에게 졌어요.

그리스군이 계속 지는 것을 보다 못한 아킬레스의 사촌 동생 파트로클로스가 아킬레스의 갑옷을 입고 대신 전쟁에 나갔어요. 그러다 파트로클로스를 아킬레스라 착각한 헥토르에게 죽임을 당하지요. 파트로클로스를 너무나 사랑했던 아킬레스는 슬픔으로 미칠 것 같았어요. 자기 때문에 아끼는 사촌이 죽었다고 생각하며 괴로워했지요. 아킬레스는 당장 전쟁에 다시 나가 헥토르를 죽였어요.

트로이의 모든 시민이 헥토르의 죽음을 슬퍼했어요. 헥토르의 아버지, 트로이의 왕 프리아모스는 아킬레스에게 줄 엄청난 보물을 준비해서 마부 한 사람만 데리고 아킬레스를 찾아갔어요. 아킬레스 앞에서 프리아모스는 울며, 아들의 시체를 돌려달라 간청했어요. 아킬레스는 프리아모스를 보며, 고향에 계신 늙은 아버지가 떠올랐어요. 그래서 헥토르의 시신을 돌려주고, 헥토르의 장례가 끝날 때까지는 전쟁을 벌이지 않겠다고 약속했어요.

장례식이 끝나자, 그리스 연합군과 트로이는 다시 전쟁을 벌였어요. 그사이 아킬레스는 파리스의 화살을 맞고 죽임을 당했어요. 트로이 전쟁을 일으킨 장본인인 파리스도 화살을 맞고 죽었지요. 하지만 그리스군이 아무리 공격해도, 굳건히 잠긴 트로이 성문을 열 수 없었어요.

전쟁이 끝나지 않자, 그리스 연합군의 장수들이 모여 앞으로 어떻게 할지 의논했어요. 전쟁을 포기하고 그리스로 되돌아가자는 사람과 끝까지 싸워야 한다는 사람으로 의견이 나뉘었어요.

"이제 이 전쟁은 충분히 오래 했어요. 트로이에 더 남아 전쟁을 계속하자는 건 어리석은 말입니다."

"맞습니다. 우리가 이곳에서 전쟁하는 동안, 정작 우리들의 나라는 엉망이 되고 있어요. 이제 고향으로 돌아갑시다."

"20년이나 걸린 전쟁을 인제 와서 그만두자고요? 후세 사람이 우리를 뭐라고 비웃겠습니까? 20년이나 전쟁을 치르고도 빈손으로 되돌아간 겁쟁이라 하겠지요."

"헥토르가 죽은 트로이는 아무 힘도 없습니다. 조금만 더 밀어붙이면 곧 우리 차지가 될 겁니다."

그때 이타카의 왕 오디세우스가 꾀를 냈어요.

"거대한 목마를 만듭시다."

"아이들 장난도 아니고, 전쟁을 하다 말고 목마를 만들자고요? 제정신입니까?"

오디세우스의 말에 누군가 빈정댔어요. 하지만 오디세우스는 빙그레 웃으며 그리스 장수들을 둘러보았어요.

"목마 속에 그리스군 정예부대가 숨는 겁니다. 그리고 나머지 그리스군은 모두 집으로 돌아가는 척하는 거죠. 분명히 트로이 사람들은 우리가 도망고 간다 생각할 겁니다. 그리고 그 목마를 트로이 성안으로 들여갈 겁니다."

오디세우스의 예상은 적중했어요. 그리스군이 군함을 타고 바다로 나가자 트로이군은 그리스군이 물러갔다고 생각했어요. 바닷가에 놓인 거대한 목마는 전쟁에 승리한 기념품으로 생각해서 트로이 성안으로 끌고 왔어요. 트로이 사람들은 긴 전쟁을 승리로 끝낸 기쁨에 들떠서 술을 마시며 흥겹게 잔치를 벌였어요.

트로이 사람들이 깊은 잠에 빠지자, 목마 안에 숨어있던 그리스 정예 부대가 목마 밖으로 몰래 나와 트로이 성문을 열었어요. 그리고 그리스군에 신호를 보냈지요. 열린 트로이 성문으로 그리스 군대가 쏟아져 들어왔어요. 순식간에 트로이성은 함락되고 트로이는 멸망했어요.

트로이가
세상에 드러나다

『그리스 신화』와 함께 세상에 가장 유명한 그리스의 이야기는 호메로스가 쓴 『일리아드』와 『오디세이』일 거예요. 『일리아드』는 그리스 연합군이 트로이와 벌인 전쟁 이야기이고, 『오디세이』는 트로이전쟁에 참여했던 오디세우스가 전쟁이 끝나고 자신의 나라 이타카로 돌아가기까지의 모험을 그린 이야기지요.

『일리아드』, 『오디세이』에 나오는 여러 나라는 고대 그리스의 이야기에만 존재했던 신화 속 나라였어요. 특히 트로이는 그런 나라가 있었다는 증거가 없었으니까요.

1870년 독일인 하인리히 슐리만이란 고고학자가 트로이를 찾겠다고 나섰어요. 슐리만은 어렸을 적부터 『일리아드』를 읽으며 트로이를 찾는

현재 터키 지도

꿈을 꾸었어요. 그는 재산을 모으고 고고학을 배우며 트로이를 발굴할 준비를 했어요. 슐리만은 『일리아드』와 트로이에 대해 나온 고대 그리스의 이야기책들을 꼼꼼하게 조사했어요. 그리고 트로이가 에게 해를 사이에 두고 그리스와 마주 보고 있는 터키 아나톨리아에 있던 나라였을 거라 추측했어요.

1871년 슐리만은 터키 정부에 유물을 발굴해도 좋다는 허락을 받았어요. 그는 당장 아나톨리아의 히사를리크 언덕을 파헤쳤어요. 1873년 6월, 드디어 땅속에서 유물이 발견되었어요. 트로이는 실제로 존재한

하인리히 슐리만

나라였던 거예요. 슐리만은 그 유적지 아래를 다시 팠어요. 그 아래로 새로운 유적지가 나타났어요. 유적지 밑에서 새로운 유적지가 계속 나타났지요. 슐리만이 트로이가 있던 장소라 짐작했던 히사를리크 언덕은 기원전 3000년경 청동기 시대부터 로마 제국시대까지, 3,300년 동안의 유적지가 9층이나 묻혀 있었어요. 한 나라가 지진, 전쟁 등으로 망하면, 그 위에 다른 나라가 다시 성을 쌓고 나라를 만들어 살았어요. 그 나라가 다시 망해서 사라지고 그 위에 새로운 나라가 다시 만들어지는 과정을 9번이나 한 거예요. 제일 위층의 유적지가 로마 시대 유적지이고 아래로 내려갈수록 더 오래된 유적지예요.

유적지마다 유물이 쏟아져 나왔어요. 아테네 신을 조각한 조각품과 금관, 금목걸이, 금반지, 금귀걸이, 은으로 만든 장난감 등 금은으로 만든 보물이 가득 든 항아리들도 있었어요. 슐리만은 그중에서 특히 아름다운 250개의 황금 보물을 트로이전쟁 당시에 트로이의 왕이었던 프리아모스가 숨겨놓은 보물이라 생각했어요. 그래서 그 보물들을 '프리아모

스의 보물'이라 불렀어요. 또 그중에서 여자 장신구는 따로 모아 '헬레네의 보물'이라 불렀어요. 트로이전쟁을 일어나게 한 스파르타의 왕비 헬레네의 보물이라는 거였지요. 장신구는 수천 년 전에 만들었다고는 믿기 어려울 만큼 정교하고 화려했어요.

슐리만은 자신의 부인을 '헬레네의 보물'로 치장하게 하고 그 사진을 찍어서 발표했어요. 슐리만의 발표는 유럽을 비롯해서 전 세계를 들썩이게 했지요. 신화의 도시 트로이를 찾아냈으니까요.

유럽 여러 나라의 박물관들이 슐리만의 트로이 유물을 가지고 싶어 했어요. 슐리만의 트로이 유물 발굴에 여러 문제가 있었지만 말이에요.

트로이의 유물,
약탈당하다

슐리만은 『일리아스』에 나오는 트로이를 찾겠다는 열망과 트로이의 보물을 찾고 싶은 욕심이 매우 강했어요. 그래서 그는 트로이의 유물을 발굴하는 데 여러 문제를 일으켰어요.

슐리만은 발굴하면서 나온 유물을 모두 모았어요. 그리고 그 유물을 모두 '트로이의 유물'이라고 발표했어요. 실제로 그 유물들이 서로 다른 시대의 여러 나라의 유물이 뒤섞인 것인데도 말이에요. 지금 우리가 사는 한반도라는 땅에는 고조선이 있었고 그 뒤에 삼국시대, 남북국시대가 있고, 다시 고려와 조선, 지금은 대한민국이 있는 것처럼 같은 땅일지라도 시간에 따라 여러 나라가 있었는데, 슐리만은 트로이 이전에 다른 나라가 있었으리라 생각하지 못했어요.

시대순으로 본 트로이 유적지

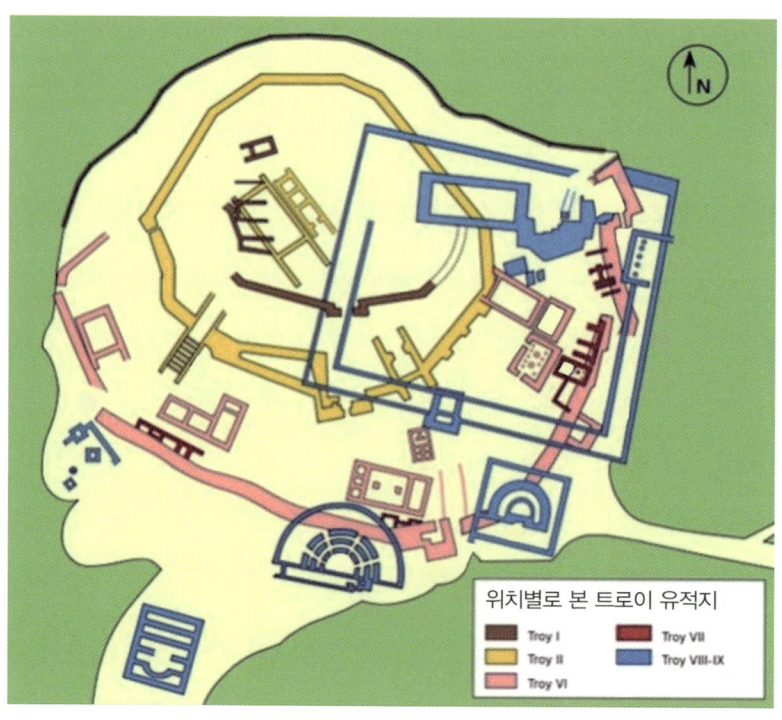

위치별로 본 트로이 유적지
- Troy I
- Troy II
- Troy VI
- Troy VII
- Troy VIII-IX

슐리만은 트로이 전쟁 당시의 트로이 유적지에만 관심이 있었기에, 그가 발견한 다른 시대의 유적지는 보호하지 않았어요. 귀중한 유적지를 파괴했지요. 무엇보다 슐리만이 트로이전쟁 당시의 유적지라고 생각한 그 유적지는 기원전 2200년경의 유적지였어요. 트로이전쟁이 기원전 1250년경이었으니, 그가 발굴한 유적지는 실제로는 트로이전쟁 때의 트로이가 아니었던 거예요. 슐리만은 기원후 300년경의 로마 제국시대의 유적지부터 차례로 파괴하면서 더 깊이 땅을 팠어요. 시간 순서대로 묻혀있던 여러 시대의 유적지를 파괴하며 기원전 2200년경의 유적지까지 도달한 거예요. 그래서 그 사이에 있던 다른 유적지와 트로이 전쟁 당시의 진짜 트로이 유적지는 훼손되었지요.

슐리만은 터키에서 발굴한 이 유물들을 터키 정부 몰래 독일로 가져갔어요. 약 200만 점이나 되었다고 해요. 나중에 이 사실을 알고 터키는 슐리만을 고소했어요. 그러자 슐리만은 터키에 유물 일부를 돌려주고 배상금도 주었어요. 하지만 정말 귀중한 유물은 돌려주지 않았지요.

트로이의 유물은
어디에 있을까?

슐리만이 발굴한 트로이의 유물은 여러 박물관이 가지고 싶어 했지만, 슐리만은 자신의 나라 독일의 박물관에 기증했어요. 그런데 1880년부터 독일 베를린박물관, 슐리만 전시실에 전시되던 트로이의 유물이 제2차 세계대전이 끝남과 동시에 사라졌어요. 러시아군이 가지고 갔을 거라는 소문만 있었지요.

제2차 세계대전 중 독일은 여러 나라의 문화재를 마구 빼앗고 파괴했어요. 100만 점이 넘는 러시아의 문화재도 독일에 빼앗기고 파괴되었지요. 러시아는 독일의 약탈에 분노했어요. 그런데 독일이 전쟁에서 지자, 러시아군이 독일 베를린을 점령했어요. 러시아군도 독일에 있는 문화재를 닥치는 대로 러시아로 가져갔어요. 이 문화재 중에는 독일의 문화재

도 있었지만, 독일이 다른 나라에서 빼앗아온 문화재들도 섞여 있었어요. 러시아는 독일에서 가져온 문화재 중에 같은 공산국가인 동독*의 문화재는 돌려줬지만, 트로이 유물에 대해서는 아무 말도 없었어요. 트로이의 유물이 러시아에 있다, 독일이 숨겼다는 둥, 소문만 무성했지요.

   그러던 1996년, 모스크바 푸시킨주립미술관에서 '트로이의 보물-하인리히 슐리만의 발굴품'이라는 제목으로 전시회가 열렸어요. 트로이의 유물을 러시아가 가져갔다는 소문은 사실이었지요. 그동안 베를린박물관에서 사라진 트로이 유물 중에서, 보물은 푸시킨주립미술관에 259점이, 다른 유물은 에르미타주박물관에 414점이 보관되어있었던 거예요.

트로이 유물(모스크바 푸시킨주립미술관 소장)

전시회가 열리자, 독일은 러시아에 트로이의 유물을 돌려달라고 했어요. 전쟁 중에 러시아가 독일에서 문화재를 약탈한 것이니 돌려달라는 것이었지요. 전쟁 중에 빼앗은 문화재는 되돌려줘야 한다는 국제적인 약속이 있었으니까요. 터키*와 트로이의 유적지가 있었던 히사를리크 언덕의 주인도 러시아에 트로이 보물을 돌려달라고 요구했지요.

하지만 오히려 러시아는 "독일에서 빼앗아온 문화재는 러시아의 것이다."라는 법을 만들었어요. 제2차 세계대전 중에 여러 나라의 문화재를 마구 약탈하고 파괴한 독일이 전쟁 중에 약탈당한 자기 나라의 문화재를 돌려달라고 하는 것은 말이 안 된다는 이유였지요. 그리고 독일이 약탈하고 파괴한 러시아 문화재에 대한 보상으로, 러시아가 독일의 문화재를 가지는 것은 정당하다고 주장하고 있어요.

고대 그리스의 이야기에 나오는 신화의 나라 트로이, 트로이가 만들고 남긴 문화재는 어디에 있어야 할까요?

용어 풀이

동독*

독일은 2차 세계대전이 끝나고, 자유국가인 서독(독일 연방 공화국)과 공산국가인 동독(독일 민주 공화국)으로 나뉘었어요. 1990년 10월 3일 독일 연방 공화국과 동독은 평화적으로 통일을 이루어 지금의 독일(독일 연방 공화국)이 되었어요.

터키의 입장*

터키는 러시아에 트로이 유물을 돌려달라던 요구를 취소했어요. 이미 슐리만에게 트로이 유물의 일부와 배상금을 받는 것으로 슐리만과 합의를 봤기 때문이에요. 터키가 가진 트로이의 유물은 터키국립박물관에 있어요.

참고 문헌

- 공미라 · 김애경 · 최윤정 공저, 『세계사 개념사전』(아울북, 2009년)
- 권삼윤 저, 『유네스코 지정 세계 문화유산 577(2권)』(청아출판사, 2002년)
- 김경임 저, 『클레오파트라의 바늘』(홍익출판사, 2009년)
- 델리아 펨버턴 · 컨설턴트 조안 플레처 저, 김희상 역, 『파라오: 이집트의 영광』(심산문화, 2006년)
- 디미트리 라부리 저, 임미경 역, 『이집트 문명』(웅진지식하우스, 2007년)
- 뱅상 포마레드 저, 에리히 레싱 사진, 『루브르, 루브르 회화의 모든 것』(시그마북스, 2011년)
- 베르나데트 므뉘 저, 『람세스 2세: 이집트의 위대한 태양』(시공사, 1999년)
- 스벤 린드크비스트 저, 『야만의 역사』(한겨레출판사, 2003년)
- 에르베 뒤셴 저, 김정희 역, 『트로이: 프라이모스의 보물』(시공사, 1997년)
- 요시무라 사쿠지 저, 김이경 역, 『고고학자와 함께하는 이집트 역사기행』(서해문집, 2002년)
- 윌리엄 디트리히 저, 이창식 역, 『로제타의 키』(예담, 2009년)
- 이보아 저, 『루브르는 프랑스 박물관인가』(민연, 2002년)
- 이봉규 저, 『이집트 피라미드 기행』(화산문화기획, 2005년)
- 장자성 편, 박종일 역, 『근세 백년 중국문물유실사』(인간사랑, 2014년)
- 장장년 · 장영진 공저, 김숙향 역, 『세계 역사 숨겨진 비밀을 밝히다』(눈과마음, 2007년)

- 전인초 저, 『돈황』(살림출판사, 2006년)
- 케빈 잭슨·조너선 스탬프 공저, 정주현 역, 『피라미드, 상상 그 너머의 세계』(샘터, 2006)
- 패트릭 프랭크 저, 장원·김보라 등 역 『아트폼스(제11판)』(시그마프레스, 2016년), 345쪽
- 한국박물관연구회 저, 『한국의 박물관』(문예마당, 2005년)

참고 사이트

- EBS 「다큐10, 스핑크스의 수수께끼」
- 연세대학교 인문학연구원 HK문자연구사업단 사이트
- 위키피디아 http://en.wikipedia.org/wiki/Benin_Bronzes
- 한국문화유산포털 사이트

※ 이 책의 주요 독자가 어린이와 청소년임을 고려하여, 책 본문에 인용하거나 도움을 받은 자료의 출처를 일일이 명기하지 않은 대목이 있음을 밝혀둡니다.

풀빛미디어 스테디셀러 도서목록

소녀성장백과 4
율리의 바이올린 글 김효 | 표지 클로이

144쪽 / 10,000원
ISBN 978-89-6734-080-3

● 서울시 교육청 어린이도서관 여름방학 진로독서 권장도서 ● 소년한국일보 추천도서 ● 월간 소년 이달의 책

꿈의 출발선이 같기를 소망하며! 공교육은 평등한 교육 기회를 바탕으로 합니다. 하지만 분야에 따라 교육 비용은 차이가 있습니다. 이 책은 각자 다른 꿈의 거리를 줄이기 위해 우리가 공동으로 어떤 노력을 하고 제도를 갖춰야 하는지 생각하게 하는 창작동화입니다.

소녀성장백과 6
차라리 당나귀와 토론할래 글 고민실 | 표지 초록담쟁이

127쪽 / 10,500원
ISBN 978-89-6734-018-6

● 한국일보 추천도서 ● 2017 전국학교도서관사서협회 추천도서

현직 토론 강사인 저자가 싸움이 아닌 토론으로 이견을 조율하는 과정을 보여주는 창작동화. 유나가 속한 2모둠은 토론 대회에 나가면 망신만 당할 게 분명합니다. 하지만 2모둠은 우여곡절 끝에 반 대표로 뽑혀 전교 토론 대회에 나가게 됩니다. 하지만 기쁨도 잠시! 전교 토론 대회를 1주일 남겨두고 담임선생님은 2모둠의 토론 주제를 바꾸는 게 좋겠다고 합니다.

소녀성장백과 7
나는 떨리는 별 글 오유경 | 표지 클로이

168쪽 / 11,500원
ISBN 978-89-6734-032-2

● 충북일보 추천도서 ● 월간 작은 책 추천도서 ● 2017 전국학교도서관사서협회 추천도서

소희는 친구들 앞에서 말하기가 너무 어렵습니다. 조용한 소희는 이야기를 적는 노트만 있으면 혼자 방 안에 있어도 즐겁습니다. 자기표현을 중요시하는 시대에서 우리는 과연 표현의 다양성을 인정하고 있을까요? 이 작품은, 친구가 나름의 방식대로 이야기할 때 귀 기울여 기다려주는 것 또한 필요하다는 점을 이야기합니다.

에듀텔링 001

꼬불꼬불나라의 정치이야기
글 서해경, 이소영 | 그림 정우열

192쪽 / 10,000원
ISBN 978-89-88135-75-4

● 서울시교육청 추천도서 ● 참여연대 공동대표 이석태 추천 ● 서울대 정치외교학부 교수 박찬욱 추천 ● 한우리 추천도서 ● 경향신문 추천도서 ● 한겨레신문 추천도서

욕심쟁이 수염왕은 시민 속에 섞여 민주주의 개념들이 탄생하게 된 배경을 몸소 겪습니다. 수염왕은 하얀머리 박사를 질투해 이것저것 사건을 일으킵니다. 수염왕의 고생담을 따라가다 보면 막연히 어렵게 느낄 수 있는 삼권분립, 대의민주주의제도 등 다양한 민주주의 개념을 즐겁게 배울 수 있습니다.

에듀텔링 002

꼬불꼬불나라의 경제이야기
글 서해경 | 그림 정우열

172쪽 / 11,000원
ISBN 978-89-88135-76-1

● 고려대학교 경영대학 교수 장하성 추천 ● 삼성경제연구소(SERI) 고문 이원덕 추천 ● 어린이경제신문 추천도서 ● 경향신문 추천도서 ● 한겨레신문 추천도서 ● 예스24 눈에띄는새책 ● 우등생논술 추천도서

경제는 어릴 적부터 일상생활에서 배울 수 있습니다. 처음 장사를 시작한 수염왕의 이야기로 경제가 무엇인지 알려주고, 국가 간의 경제 전반에 대한 개념을 어린이에게 쉽고 재미있게 설명해줍니다.

에듀텔링 003

꼬불꼬불나라의 인권이야기
글 서해경 | 그림 정우열

164쪽 / 12,000원
ISBN 978-89-6734-020-9

● 복지TV 방영 ● 푸른시민연대 대표 문종석 추천 ● 네이버 매거진 오늘의 책 ● 소년한국일보 추천도서 ● 동아일보 추천도서

이기적이지만 순수한 주인공 '수염왕'이 무지개 복지관에서 겪는 다양한 사건을 통해 어린이가 알아야 할 인권을 여러 각도에서 설명하는 사회과학 교양서입니다. 장애가 있는 친구, 다문화 가정의 친구, 좋은 성적을 강요받는 청소년, 버림받은 어르신 등 우리가 관심을 가져야 할 소수자의 삶을 보여줍니다.

에듀텔링 004

꼬불꼬불나라의 환경이야기
글 이소영 | 그림 정우열

172쪽 / 12,000원
ISBN 978-89-6734-008-7

● 환경운동연합 공동대표 지영선 추천 ● 행복한아침독서 추천도서 ● 부산일보 추천 ● 예스24 추천 ● 인터파크 화제의 신간

복잡한 환경문제를 쉽고 재미나게 풀이한 놀라운 책입니다. 꼬불꼬불나라의 수염왕의 이야기를 재미나게 읽는 동안, 현대 시민이라면 반드시 갖추어야 할 건강한 환경 의식을 고루 갖출 수 있습니다. 지구온난화의 원인, 유전자 조작 식품, 열대우림의 중요성, 신재생 에너지 같은 어려운 문제를 아주 재미나게 알려 줍니다.

에듀텔링 005
꼬불꼬불나라의 지리이야기 글 서해경 | 그림 정우열

172쪽 / 12,000원
ISBN 978-89-6734-009-4

● 한국출판문화산업진흥원 2015년 청소년 권장도서 ● 한우리 추천도서 ● 소년한국일보 ● 어린이동아 추천도서

수염왕과 물길을 따라 여행하면 초등 지리 끝! 지리 개념에 스토리텔링을 접목하여 주인공인 수염왕과 함께 여행하면 인류의 터전인 자연을 이해하고, 인간이 생존을 위해 만든 환경을 들여다볼 수 있습니다. 새로 바뀐 초등 사회 교과서를 세밀하게 분석하여 알차게 담았습니다.

에듀텔링 006
꼬불꼬불나라의 원자력이야기
글 서해경 | 그림 김용길

179쪽 / 12,000원
ISBN 978-89-6734-078-0

● 녹색당 공동정책위원장 이유진 추천 ● 월간 소년 추천 ● 한국미래환경협회 2015 우수환경도서 선정 ● 풀꽃평화연구소 추천도서

꼬불꼬불면에 방사성 물질이 들어갔다는 누명을 쓴 수염왕의 고생담을 따라가다 보면 원자력의 원리, 님비현상, 대체에너지 등 초등학생이 알아야 할 주요 교과 내용을 쉽게 배울 수 있습니다. 초등학교, 중학교에 걸쳐 과학, 환경, 경제, 사회 교과의 중요 개념인 원자력발전을 재미있는 이야기로 실었습니다.

에듀텔링 007
꼬불꼬불나라의 언론이야기 글 이소영 | 그림 김용길

156쪽 / 12,000원
ISBN 978-89-6734-084-1

● 한국일보 추천도서 ● 광주일보 추천도서 ● 우등생논술 추천도서

언론이 잘못된 정보를 주면 잘못된 여론이 생겨요! 중요한 언론, 재미있는 이야기로 배웁니다. 수염왕은 하얀머리 큰대표(대통령)처럼 신문에 많이 나오고 싶었습니다. 그래서 자신의 칭찬을 많이 적어서 신문사에 가지요. 강보도 기자와 친해진, 수염왕. 강 기자는 수염왕의 기사를 많이 내줬을까요?

이상한 지구 여행 001
어린이에게 일을 시키는 건 반칙이에요
글 장성익 | 그림 송하완

212쪽 / 11,000원
ISBN 978-89-88135-96-9

● 2012년 한국출판문화산업진흥원 선정 12월의 '이달의읽을만한책' ● 문화체육관광부 한국출판문화진흥원 교보문고 공동기획 북토큰 추천책 초등 고학년

초등학생 사회과학 입문서인 이 책은 세계 곳곳에서 일어나는 어린이 노동을 여러 학문의 기반 위에서 통합적으로 살펴봅니다. 이로써 어린이가 원인과 결과의 상관관계를 논리적으로 이해하고, 다양한 학문이 주는 시너지를 몸소 체험할 수 있습니다.

조금 이른 사춘기 1
칠판만 보이는 안경 글 박부금, 이애경 | 그림 양은아

128쪽 / 10,000원
ISBN 978-89-88135-78-5

● 서울시교육청 추천도서 ● KBS 제2라디오 〈생방송 일요일〉 소개 ● 부산시교육청 추천도서 ● 경향신문 추천도서 ● YES24 MD추천도서 ● 아시아투데이 추천도서

우와, 집중해서 공부하니까 놀 시간이 더 많아졌어! 현장에서 직접 어린이의 고민을 듣는 두 선생님이 책을 펴냈습니다. 어린이의 공부 고민을 해결할 집중력 연습은 어떻게 하는 걸까요? 진이의 마법으로 공부에 대한 즐거움을 느껴보세요.

조금 이른 사춘기 2
친구 자판기 글 이애경, 박부금 | 그림 양은아

140쪽 / 11,000원
ISBN 978-89-6734-007-0

● 연합뉴스 추천도서 ● 가톨릭대학교 학생생활상담소 실장 이지은 추천 ● 한얼초등학교 교사 박선양 추천

친구 사귀기로 받는 스트레스 이제 그만! 어린이 심리상담 전문가 이애경, 박부금 선생님이 쓴 동화입니다. 많은 학생이 교우관계로 스트레스를 받습니다. 내가 원하는 친구를 구체적으로 생각하면, 다른 친구에게 어떻게 다가가야 할지 알게 됩니다. 친구 사귀기 두려워 말고, 설렘으로 다가가 보세요.

조금 이른 사춘기 3
내 마음은 롤러코스터 글 이애경, 박부금 | 그림 최선혜

148쪽 / 11,000원
ISBN 978-89-6734-028-5

● 충남 WEE 스쿨, 임상심리전문가 송민정 추천 ● 의정부초등학교 교사 조은혜 추천 ● 알라딘 화제의 신간 ● 분당도서관 권장도서

사춘기를 겪는 학생의 마음속 짐을 덜어주려는 책입니다. 타인에게 자신의 기분을 잘 표현하고, 그에 앞서 자신의 내면을 들여다보는 시간의 중요성을 초등학생의 일상에서 공감되게 풀어냈습니다.

조금 이른 사춘기 4
내 외모가 어때서 글 박부금 | 그림 김수경

148쪽 / 11,000원
ISBN 978-89-6734-047-6

● 2016 아이스크림 추천도서 ● 알라딘 추천마법사의 선택 ● 가톨릭대학교 학생생활지도연구소 전임상담원 윤하영 추천 ● 와부초등학교 교사 권혜민 추천

외모에 관한 올바른 시각을 심어주는 쓴 창작동화입니다. 청소년기 학생은 외모가 자존감과 또래 관계 형성에 큰 영향을 미칩니다. 특히 자신의 외모에 만족하지 못하면 낮은 자존감을 형성하고, 자신이 잘하는 것에 관심을 두지 않고 외모에 집착하는 경향이 있습니다. 이 책은 외모보다 자신의 강점에 집중해야 함을 알려줍니다.

세계 아동 문학상 수상작

그래요 책이 좋아요 01
엄마라고 불러도 될까요
글 패트리샤 매클라클랜 | 그림 천유주 | 번역 김은영

106쪽 / 12,000원
ISBN 978-89-6734-014-8

●뉴베리상 수상 ●미국 학교도서관저널 최고의 책 ●뉴욕타임즈 올해의 아동도서 ●영국 도서관 협회 최우수도서 수상 ●미국 의회도서관 아동서 부문 최고의 책 수상 ●제퍼슨 컵 수상

수많은 상을 휩쓸고 고전으로 자리 잡은 동화! 1900년대 중반 미국 북동부, 드넓은 벌판 외딴집에서 애나는 아버지와 동생과 함께 엄마 없이 외롭게 살고 있습니다. 그러던 어느 날 바다 내음과 함께 새러 아줌마가 찾아옵니다. 1인칭 관찰자 시점을 배울 수 있는 유익한 동화

그래요 책이 좋아요 02
책이 있는 나무
글 비센테 무뇨스 푸에에스 | 그림 아돌포 세라 | 번역 김정하

128쪽 / 11,500원
ISBN 978-89-6734-079-7

●스페인 아나야 아동청소년 문학상 수상작 ●한국일보 추천도서 ●우등생논술 추천도서 ●배워서남주자 추천도서 ●2016 아이스크림 추천도서 ●2017 북토큰 추천도서

자식에게 독서의 기쁨을 선물하고 싶었던 부모. 책이 나오는 신기한 오두막을 발견한 아이들은 여름 내내 고전을 읽는 재미에 푹 빠지게 됩니다. 훗날 버지니아는 책을 읽지 않았다면 그들의 삶이 지금과 달랐을 거라고 회상합니다

초등 과학 추리 동화

과학 추리 시리즈1 꼬마 탐정 차례로
빛의 산을 찾아라
글 서해경 | 그림 최선혜

100쪽 / 11,500원
ISBN 978-89-6734-088-9

●한라일보 추천도서

게으른 문화재 박사 나제일과 꼬마 탐정 차례로가 해결한 첫 사건! 차례로처럼 간단한 과학 원리만 안다면 누구나 탐정이 될 수 있어요! 차례로와 나제일 박사, 두 사람은 제주도에서 열릴 '세계 문화재 전시회'에 초대받았습니다. 그런데 전시하려고 영국에서 가져온 세상에서 제일 큰 다이아몬드 '빛의 산(코이누르)'이 사라졌습니다!

과학 추리 시리즈2 꼬마 탐정 차례로
다니크와 고흐의 방
글 김용준 | 그림 최선혜

124쪽 / 12,000원
ISBN 978-89-6734-041-4

●2017 전국학교도서관사서협회 추천도서

차례로와 나제일 박사는 첫 번째 〈고흐의 방〉이 사라졌다는 뉴스에 깜짝 놀랍니다. 그때 한국어는 반말밖에 할 줄 모르는 네덜란드 소녀 다니크가 찾아옵니다. 다니크는 돌아가신 부모님이 남겨준 세 번째 〈고흐의 방〉을 도둑맞을까 봐 안절부절못합니다. 차례로는 다니크의 명화를 지켜줄 수 있을까요?